W0182031

Schrader • Südfrankreich

Halwart Schrader

SÜDFRANKREICH

Ihre zweite Heimat

pietsch

Einbandgestaltung: Andreas Pflaum
Titelbild: Schapowalow/Aspect

Die farbige Übersichtskarte erstellte
KARTOGRAPHIE Peh/Schefcik, Eppelheim.

Eine Haftung des Autors oder des Verlages und seiner Beauftragten für Personen-, Sach- und Vermögensschäden ist ausgeschlossen.

ISBN 3-613-50376-X

Copyright © by Pietsch Verlag,
Postfach 103743, 70032 Stuttgart
Ein Unternehmen der Paul Pietsch Verlage GmbH + Co.
1. Auflage 2001

Nachdruck, auch einzelner Teile, ist verboten. Das Urheberrecht und sämtliche weiteren Rechte sind dem Verlag vorbehalten. Übersetzung, Speicherung, Vervielfältigung und Verbreitung einschließlich Übernahme auf elektronische Datenträger wie CD-ROM, Bildplatte usw. sowie Einspeicherung in elektronische Medien wie Bildschirmtext, Internet usw. sind ohne vorherige schriftliche Genehmigung des Verlages unzulässig und strafbar.

Lektor: Oliver Schwarz
Innengestaltung: Katharina Jüssen
Reproduktion: digi bild reinhardt, 73037 Göppingen
Druck: Maisch & Queck, 70839 Gerlingen
Bindung: K. Dieringer, 70839 Gerlingen
Printed in Germany

Inhalt

1. Einführung 10

2. Die Verlockungen Südfrankreichs 18

Geplanter oder spontaner Ausstieg? 21
Pro und contra Südfrankreich 23
Vorteile durch den Euro 26
Südfrankreich: Versuch einer Definition 27
Vom Corbière bis zur Bouillabaisse: Savoir-vivre! 32
Fremde werden Freunde 34
Klima, Wetter, Jahreszeiten 37
Landesspezifisches 41
Wie gut ist Ihr Französisch? 43
Der südliche Tagesrhythmus 45
Soziale Kontraste 47
Die jüngere und die ältere Generation 48
Mit dem Auto unterwegs 49

3. Eine Idee erhält Konturen 54

Aufenthaltserlaubnis 56
Arbeitsgenehmigung 59
Selbstständige und freiberufliche Tätigkeit 60
Willkommen als Steuerzahler in Frankreich! 62
Wofür sich das Finanzamt zu Hause interessiert 63
Sie werden nicht zweimal zur Kasse gebeten 64
Behörden: die französische Variante 65

4. Suche nach dem idealen Domizil 68

Leben im Süden – gelegentlich oder auf Dauer? 70
Küste oder Binnenland? 71
French Connection 74
Immobilienpreise in Südfrankreich 74
Gesucht, gefunden: Refugium für den Single 80
Gemeinsamer Ausstieg mit dem Partner 82

5. Immobilienkauf 84

Wunsch und Wirklichkeit 86
ABC der Fachbegriffe 88
Suche auf eigene Faust 91
Verhandlungsaufnahme 93
Prüfen und überlegen: 20 wichtige Fragen 94
Französisches Grundstücksrecht 115
Immobilienvermittlung durch einen Makler 116
Die Rolle des Notars 119
Kaufpreis und Finanzierung 120
Abschluss des Kaufvertrages 122
Provisionen, Steuern, Gebühren 124
Baugenehmigung und Auflagen 127
Fertighäuser 128
Nachbarlicher Einspruch 129
Auch in Südfrankreich muss man heizen 130
Mieten und Vermieten 132
Wiederverkauf 135
Vererbung und Vermögenssteuer 136

6. Leben im Süden 138

Umzug: Planung, Formalitäten, Kosten 140
Einrichten und Wohnen 142
Bankwesen und Zahlungsverkehr 144
Handwerker, Dienstleistungen, Hilfskräfte 147
Made in France 149
Post und Telekommunikation 151

Medizinische Versorgung und Versicherungsschutz . . 153
Rentenbezug im Ausland 156
Gastronomie, Essen und Trinken 157
Auto: Mitnehmen oder in Frankreich kaufen? 161
Deutscher, französischer oder EU-Führerschein? 164
Öffentliche Verkehrsmittel, Flugverbindungen 165
Kulturelles Angebot, Sport und Freizeit 166
Einkaufen und Lebenshaltungskosten 169
Hund, Pferd und Katze 173
Nachbarn, Freunde, Vertrauenspersonen 174
Sicherheit, juristischer Beistand, Polizeisystem 178
Heimatanbindung und Konsularwesen 180

7. Anhang 182
Adressen 184
Literatur 189
Danksagung/Bildnachweis 191

FRANKREICH
SCHWEIZ
ITALIEN
Bourg-en-Bresse
Ain
Haute-Savoie
Annecy
Rhône
Loire
Lyon
Chambéry
Savoie
St-Étienne
RHÔNE-ALPES
AUVERGNE
Isère
Grenoble
Haute-Loire
Le Puy
Cantal
Aurillac
Valence
Privas
Ardèche
Drôme
Hautes-Alpes
Gap
Lozère
Mende
Rodez
Aveyron
MIDI-PYRÉNÉES
Albi
Tarn
Gard
Nîmes
Vaucluse
Avignon
Digne
Alpes-de-Haute-Provence
Alpes Maritimes
Nizza
MONACO
PROVENCE ALPES CÔTE D´AZUR
Montpellier
Hérault
Bouches-du-Rhône
Var
Marseille
Toulon
LANGUEDOC-ROUSSILLON
Carcassonne
Aude
Foix
Ariège
Perpignan
Pyrénées-Orientales
ANDORRA
Golf von Lion
SPANIEN
Mittelmeer
KORSIKA
0
100 km
© KARTOGRAPHIE Peh & Schefcik

1. Einführung

»Gibt's kein Paradies,
so gibt's doch Paradiese…«

Friedrich von Bodenstedt

Farbenfrohe Kontraste bestimmen das abwechslungsreiche Landschaftsbild Südfrankreichs. Und eine Vielfalt von Düften – wie der von Lavendel …

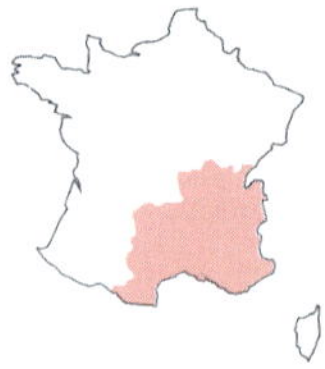

Wollten Sie nicht schon immer in südlichen Klimazonen mehr Sonnentage im Jahr genießen, lediglich zwei oder drei Flugstunden von Ihrem Berufsalltag entfernt? Viele Menschen träumen nicht nur von einem Leben im Süden, sie wissen ihre Träume auch zu realisieren.

Jährlich realisieren etwa 70.000 Bundesbürger, aber auch zahlreiche Schweizer und Österreicher ihren Entschluss, sich jenseits der Grenzen ihres Heimatlandes ein zweites Domizil einzurichten, wobei Frankreich mit Spanien und Italien ganz oben auf der Interessensskala rangiert. Die Statistik wies im Sommer des Jahres 2000 mehr als 620.000 aus den deutschsprachigen Ländern stammende Eigentümer einer Immobilie im Ausland auf. Hochrechnungen sagten für das Jahr 2001 einen Anstieg auf 800.000 voraus.

Diese aufschlussreichen Zahlen basieren unter anderem auf einer Erhebung des Landesbausparkassen-Verbandes (LBS). Vielleicht beschäftigen auch Sie sich schon länger mit dem Gedanken eines Orts- und Ambientewechsels – sei es, um ein paar Wochen oder Monate im Jahr einfach nur »abzutauchen«, sei es für einen sehr viel längeren Zeitraum, möglicherweise sogar für immer? Und wenn es für Sie nur einen einzigen, aber triftigen Grund privater oder beruflicher Natur für eine solche Entscheidung gäbe: Er könnte ausschlaggebend sein.

Ziehen auch Sie in Erwägung, einen Teil Ihres verfügbaren Kapitals in einen Besitz anzulegen, der es ihnen ermöglicht, in einem Domizil mit mildem Klima eines Tages den Lebensabend zu verbringen? Vielleicht träumen Sie von einem Haus mit Blick auf die Bucht von St. Raphaël, oder von einem alten Bauernhof im Bergland der Auvergne, von einer lichtdurchfluteten Provence-Idylle mit Zypressen, Bourgainvillea und Weinbergen...

Nie zuvor hatten so viele Menschen die Möglichkeit, ihre Lebensumstände weitgehend selbst zu bestimmen sowie all das, was man in Frankreich als *l'art de vivre* bezeichnet, nach eigenem Ermessen zu gestalten. Der Übergang vom 20. zum 21. Jahrhundert war von zunehmendem Individualismus, mehr Mobilität und größerer Chancengleichheit als je zuvor gekennzeichnet: Alles Voraussetzungen, sich mehr Wünsche zu erfüllen, als es den Generationen vor uns möglich gewesen wäre.

Doch die Entscheidung, sich im Ausland anzusiedeln, dort Grundbesitz zu erwerben, zu pachten oder langfristig zu mieten, bedarf gründlicher Vorbereitung und Erkundigung über alle sich daraus ergebenden Vor- und vielleicht auch Nachteile. Eine allmählich gewachsene Liebe oder spontane Begeisterung für einen paradiesisch schönen Fleck, für die berühmte »einsame Insel«, für ein romantisches Hafenstädtchen oder für ein zufällig entdecktes Stück neuer Lebensqualität in südlich-exotischer Atmosphäre mögen Sie zwar in Ihren Aus- oder Umsteigewünschen zunehmend bestärken, aber jeder Schritt in die Richtung, Träume solcher Art Wirklichkeit werden zu lassen, will überlegt sein. Wie Christa Walter, eine erfahrene Immobilien-Kauffrau und langjährige Kennerin der Verhältnisse im Süden Frankreichs nur bestätigen kann: Es genüge nicht, sagt sie, ein Haus in attraktiver Lage zu finden, es zu erwerben und sich dann ab und zu mal blicken zu lassen. Südfrankreich könne man nicht einfach »schick« finden – dieses Land müsse man lieben, und eine innige Verbundenheit entstehe erst, wenn man sich dort länger aufgehalten und die Lebensqualitäten des Midi in all ihren Nuancen kennen gelernt habe. »Spontan teilen sie sich dem Fremden nicht mit. Aus einer ersten Begeisterung muss Überzeugung wachsen, und ein solcher Prozess vollzieht sich nicht in vier oder sechs Wochen.«

Christa Walter weiß, wovon sie spricht. Sie hat schon zahlreichen deutschen Landsleuten geholfen, in Frankreich sesshaft zu werden – und sich dort auch wohl zu fühlen. Fachkundige Beratung, nicht nur vor Ort, sondern bereits im frühen Stadium jeglicher Planung, ist sehr wichtig und bewahrt vor Enttäuschungen.

Falls für Sie berufliche Gründe ausschlaggebend sind, sich vorübergehend oder für einen längeren Zeitraum in Südfrankreich anzusiedeln, liegen die Dinge einfacher. Als Folge der zunehmenden Globalisierung von Wirtschaft und Industrie pflegen immer mehr Unternehmen einen Austausch von Mitarbeitern in leitenden Positionen über Landesgrenzen hinweg. Damit stellt sich für Sie wohl kaum die Frage, in welcher Region Frankreichs es Ihnen am besten gefällt – allein die Nähe zu einem bestimmten Arbeitsplatz gibt in einem solchen Fall den Ausschlag für die Domizilsuche. Und wenn das Un-

ternehmen, in dessen Auftrag Sie ins Ausland gehen, diese Ihnen ebenfalls schon abgenommen hat, reduziert sich Ihr Frankreich-Einstieg auf die Entgegennahme der Hausschlüssel. Nun – vielleicht nicht ganz, wie Sie bald herausfinden werden.

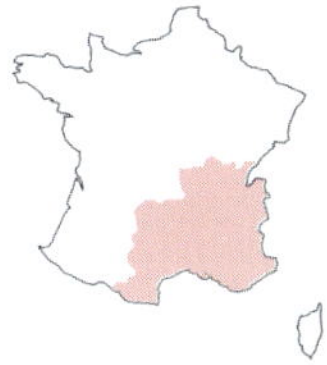

Leben, wo andere Urlaub machen: zum Beispiel im romantischen Bergdorf Venanson.

Ihre Pläne, sich im Ausland anzusiedeln, so sei unterstellt, haben nichts mit Auswandern im herkömmlichen Sinn zu tun; eine Existenzgründung in einem typischen Immigrationsland wie Kanada, Australien, USA oder Neuseeland und der

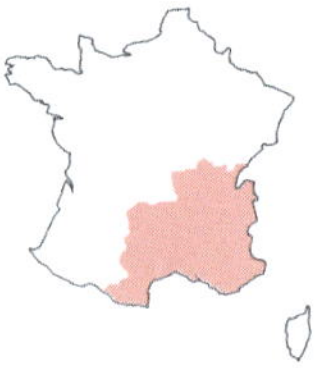

sich langfristig daraus ableitende Erwerb einer neuen Staatsbürgerschaft sind ein Thema für sich und nicht Inhalt dieses Buches. Es soll Ihnen vielmehr die gesammelten Erfahrungen derjenigen vermitteln, die mit einem Domizil in Südfrankreich eine Art von Vision realisiert haben oder die – wie vorstehend angedeutet – aus anderer, vielleicht beruflicher Freiwilligkeit dort ansässig wurden.

Dieses Buch will Ihnen helfen, Lehrgeld zu sparen, das andere bereits gezahlt haben. Außerdem vermittelt es Ihnen eine Fülle von wichtigen Tipps, nützlichen Informationen, erprobten Rezepturen sowie Hinweise auf sorgfältig geprüfte Instrumentarien. In einem Reiseführer können diese gar nicht enthalten sein. Ebenso zuverlässig sind alle Angaben und Adressen recherchiert, die Sie im Anhang finden.

Übersichtlich strukturiert, werden alle Facetten und Segmente des Themas »Leben in Südfrankreich« für Sie als Nordländer so knapp wie nötig, aber auch so ausführlich wie möglich behandelt. Natürlich findet man von Ort zu Ort, von Region zu Region voneinander abweichende, individuelle Gegebenheiten. Dennoch gelten im Cantal wie in Sisteron, an der Côte d'Azur wie in Carcassonne die gleichen Gepflogenheiten, nach denen sich Grundstückskauf oder das Mieten eines Apartments, Gastronomie- oder Einkaufsrituale, Behörden-, Bank- und Versicherungswesen abspielen.

Als Gastresident in Frankreich empfiehlt es sich, dass Sie bestimmte Usancen, Gegebenheiten und Spielregeln Ihrer neuen Wahlheimat anerkennen und Verständnis für landestypische Verhaltensweisen zeigen – zum Beispiel für den reichlichen Konsum von dunkelrotem Rebensaft, den die Arbeiter, die Sie für die Restaurierung Ihres alten Bauernhauses engagiert haben, zum zweiten Frühstück schlürfen. Oder für die Ihrer Meinung nach übertriebene, ganz und gar nicht südlich-beschwingte Ernsthaftigkeit, mit welcher französische Verwaltungsbeamte ihre Pflicht erfüllen. Aber sich von hergebrachten Vorstellungen und Routinen freizumachen, Geist und Körper an einer ganz anderen, außerhalb unterkühlter Dienststuben doch sehr lebensfrohen Mentalität teilzuhaben zu lassen – gerade das macht ja den Reiz Ihres Vorhabens aus, künftig einen Teil des Lebens im französischen Süden zu verbringen.

Erwarten Sie auf den nachfolgenden Seiten indes keine kulturhistorischen Abhandlungen, Hinweise auf Sehenswürdigkeiten oder Beschreibungen romantischer Landschaften, wie sie viele gute Reise(ver)führer enthalten – dies würde nicht nur den Rahmen dieses Buches sprengen, sondern seine Thematik verfehlen. Dafür vermittelt es Ihnen aber Einblicke in landestypische Besonderheiten – Einblicke, die über die üblichen Urlaubseindrücke hinausgehen sowie eine Fülle objektiver Informationen, nach denen Sie woanders bisher sicher vergebens gesucht haben.

Hinweis

Die Ausführungen in diesem Buch sind dazu gedacht, Ihren Überlegungen, sich in Südfrankreich anzusiedeln, einen Unterbau zu geben. Gleichwohl können sich viele Einzelheiten zwischenzeitlich geändert haben, zum Beispiel Gesetze und Verordnungen, auch Immobilienpreise, Gebühren, Adressen und die allgemeinen Lebenshaltungskosten. Autor und Verlag machen deshalb darauf aufmerksam, dass alle Angaben in diesem Buch zum Zeitpunkt der Niederschrift nach bestem Wissen erfolgten, sie aber keine Gewähr für Veränderungen der recherchierten Gegebenheiten sowie für irrtümliche oder fehlerhafte Angaben übernehmen können.

2. Die Verlockungen Südfrankreichs

Ein gründliches Überdenken aller Einzelheiten ist wichtig. Für Ihren Entschluss, sich im Midi anzusiedeln, sollten daher nicht allein ein günstiger Kaufpreis oder die Superlage eines Traumobjekts mit Blick aufs Meer oder auf die Berge entscheidend sein.

Notre Dame des Anges und Château Royal-Collioure, Pyrennées Orientales: Hier treffen französische und katalanische Kulturen zusammen.

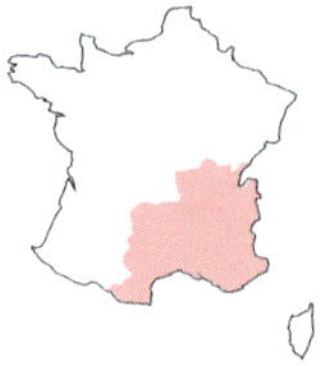

Wenn Sie einmal eine Zwischenbilanz Ihres Lebens ziehen, könnte sich für Sie die Frage stellen: Warum habe ich nicht schon längst meine Wunschvorstellungen von einem ganz anderen Leben realisiert? Vermutlich sind Sie kein spontan handelnder »Aussteigertyp«. Sonst hätten Sie wohl schon viel früher die Initiative ergriffen, Ihre Zelte abzubrechen und woanders aufzuschlagen. Nur wenige Menschen sind in der Lage, sich zu beliebiger Zeit und an beliebiger Stelle ein neues Domizil zu schaffen und ohne Rücksicht auf familiäre, gesellschaftliche oder wirtschaftliche Gegebenheiten eine Art Nomadendasein zu führen.

Wahrscheinlicher ist, dass Sie sich als Ausgleich zum strapazenreichen Alltag mit seinen beruflichen oder auch privaten Belastungen eine Alternative aufbauen möchten, die Ihnen an einigen Wochen im Jahr – mehr oder weniger gleichmäßig verteilt über den Jahreszeitenrhythmus oder saisonal akzentuiert in Anspruch genommen – eine neue Lebensperspektive gibt. Sie sehnen sich danach, Ihre Bio-Batterie immer mal wieder aufzuladen, Geist und Körper mit neuen Energien zu versorgen, Kräfte zu sammeln, sich mit belebenden Impulsen und frischen Eindrücken für den Rest des Jahres zu stärken.

Sich alle 14 Tage oder alle vier, sechs oder acht Wochen den Ausbruch aus berufsbedingter Routine zu gönnen: eine Vorstellung von verführerischer Qualität! Dabei geht es Ihnen nicht um ständig neue Reiseeindrücke oder die Mobilisierung Ihres Adrenalinhaushalts. Heute auf eine Karibik-Kreuzfahrt, morgen zum Bungee Jumping an die Victoriafälle. Pfingsten auf Himalaya-Treck, im Sommer zum Tauchen nach Eliat, dann zur Weinlese in die Toskana: Urlaubsvergnügungen mit rasch wechselnder Erlebnisintensität gehören nicht zu den von Ihnen gesetzten Prioritäten.

Ihre Zielvorstellung gilt vielmehr einem festen »Ankerplatz«, an welchem Sie sich eine behagliche Atmosphäre schaffen wollen, und zwar Ihre eigene. Auf Dauer behagt Ihnen die – sicher gemütliche – Atmosphäre einer Urlaubsherberge doch nicht so sehr, auch nicht das perfekt gestylte Ambiente eines modernen Kettenhotels. Sie möchten Ihre Vorstellungen vom »Schöner Leben« vielmehr selbst realisieren, auch mal spontan variieren, wenn es Ihnen gerade einfällt, und in eigenen vier Wänden alles so gestalten, wie es Ihnen behagt.

Es können aber auch berufliche Gründe sein, die Sie zu einem Umzug nach Frankreich veranlassen. Etwa, weil das Unternehmen, für das Sie tätig sind, Ihnen dort eine Position angeboten hat, oder weil Sie als Selbstständiger ein »zweites Bein« in Frankreich auf den Boden bringen möchten. In einem solchem Fall werden Sie vom Informationsgehalt dieses Buches in gleichem Maße profitieren. Und wenn Sie ihre frankophilen Sympathien mit der Ausübung beruflicher Pflichten in Einklang bringen können: um so besser.

Geplanter oder spontaner Ausstieg?

Davon ausgehend, dass berufliche Aspekte in Ihren Überlegungen keinen oder nur einen nachrangigen Stellenwert einnehmen, sind Ihre Sympathien für Frankreich vermutlich überwiegend emotionaler Natur und zielen weniger auf eine Ausübung geschäftlicher Aktivitäten ab.

Von jeder Ihrer bisherigen Frankreichreisen haben Sie Impressionen mit nach Hause genommen, die sich eingeprägt haben, und die waren gewiss nicht nur kulinarischer Art. Sie haben die Landschaft der Provence mit den Augen eines Vincent van Gogh oder Paul Cézanne zu sehen versucht, die würzige Frühlingsluft der üppigen Gärten in und um Cavaillon eingesogen, das milde Herbstlicht in den Tälern der französischen Seealpen genossen, die vielen alten Höfe, Weingüter, Schlösser und Städte mit jener faszinierenden Symbiose aus der Romantik historischer Stadtkerne mit der Avantgarde eins jungen, progressiven Frankreich in Architektur und Design schätzen gelernt: All das zusammen ergab vielleicht den Auslöser für eine fixe Idee, der Sie sich nicht mehr zu entziehen vermögen. Oder war es doch eher der Zufall, etwa eine im letzten Urlaub besiegelte Freundschaft fürs Leben oder die Überredungskunst eines Grundstückmaklers, die Sie in Ihrem Vorhaben bestärkt haben?

»Ubi bene, ibi patria«, sagten die alten Römer; was (frei übersetzt) bedeutet: Dort, wo es mir gut geht, fühle ich mich

de VESIN
29

zu Hause. Nun – sicher nicht auf Anhieb. Die meisten Ausländer, die sich in Frankreich eine Ferienimmobilie oder ein Haus als künftigen Alterssitz gekauft haben, taten dies in einer Gegend, die ihnen nach etlichen Erkundungsfahrten und nach dem Abwägen zahlreicher Kriterien letztlich am besten gefiel. Seltener war es Liebe auf den allerersten Blick. Dort, wo es mir gut geht: Das ist eine in jedem Fall sehr individuelle Auslegung und hängt von vielen Detailfaktoren ab.

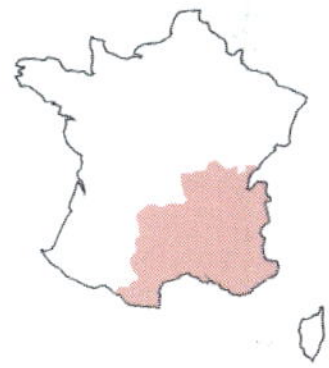

Hält die Liebe auf den ersten Blick auch einem zweiten (kritischeren) stand? Ein sorgfältiges Vergleichen der Vor- und Nachteile eines Ortswechsels mit den sich daraus ergebenden Konsequenzen und ein gründliches Überdenken aller Einzelheiten ist wichtig. Hüten Sie sich vor spontan gefassten Entschlüssen. Je eingehender Sie sich über alles informieren, desto weniger Überraschungen folgen später. Für Ihre Entscheidung, sich im Midi anzusiedeln, sind sehr viel mehr Faktoren entscheidend als ein günstiger Kaufpreis oder die Superlage eines Traumobjekts mit Blick auf Draguignan, Aix-en-Provence, St. Raphaël oder ins romantische Tal der Ardèche.

Pro und contra Südfrankreich

Viele Menschen bringen von allein nicht den Mut auf, ihre Traumvorstellung konsequent umzusetzen. Sie verfügen zwar über genügend Phantasie, sich ein Leben im Süden vorzustellen; auch finanzielle Hürden wären vielleicht nicht das Problem. Was ihnen fehlt, ist der erste, aber entscheidende Anstoß zur ernsthaften Überprüfung der Machbarkeiten. Häufig kommt Mangel an Zeit hinzu, um sich mit dem Thema in Muße zu beschäftigen. Wer sich indessen aus geschäftlichen Gründen veranlasst sieht, nach Frankreich umzusiedeln, braucht nicht nach einer stichhaltigen Antwort auf die Frage »Soll ich oder soll ich nicht…?« zu suchen. Dann kommt es nur darauf an, die Weichen so gut und vernünftig wie möglich zu stellen und das nicht allein anderen zu überlassen.

Es bedarf also nicht nur einer gewissen Initiative, sondern einer gründlichen und objektiven Erörterung aller Fragen, die sich im Zusammenhang mit einem Zweit- oder sogar Haupt-

Linke Seite: Frankreichs Süden kann man aus vielen Gründen lieben: Etwa weil man gerne frisches Obst und Gemüse genießt. Markt in Grasse im Hinterland der Côte d'Azur.

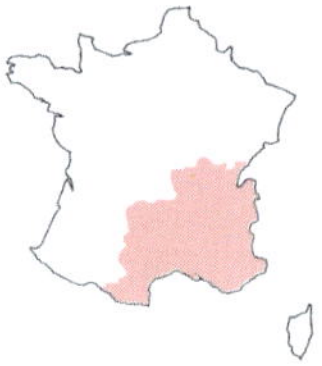

wohnsitz im Ausland ergeben. Spontan getroffene, nicht sorgfältig ausgelotete Entscheidungen könnten sich später als Fehlschlag, zumindest aber als stark nachbesserungsbedürftig erweisen. Solche Korrekturen sind in aller Regel kostspielig und mit Verdruss verbunden.

Also gilt es, sich so gut wie möglich abzusichern. Machen Sie sich die Erfahrungen anderer zunutze und holen Sie sich den berühmten guten Rat – der in diesem Fall gar nicht einmal teuer ist – von Sachkundigen ein.

Der Midi ist eine Region der Extreme. Es kann im Sommer extrem heiß werden, im Winter (in manchen Gegenden zumindest) recht kalt. Perioden wochenlanger Windstille wechseln sich mit Zeiten des unbarmherzigen Mistral ab. Es gibt Jahre, in denen kaum ein Tropfen Regen fällt und Waldbrände für Schlagzeilen sorgen, und solche, in denen es fast jeden zweiten Sommertag wie aus Kübeln schüttet. Dann ist »Land unter«, selbst bei der Bahn und erst recht auf vielen Straßen. Extrem sind auch Gerüche und Geräusche, die Verhaltensweisen von Mensch und Tier. Langweiliges Mittelmaß dürfen Sie nicht erwarten.

Frankreichs Süden kann man aus genau all diesen Gründen lieben. Sein Klima, seine Landschaften, seine facettenreiche Kultur und seine Musik, die Atmosphäre seiner kleinen und großen Städte, seine Menschen, seine deftigen Gerichte, seine köstlichen Weine – es ist das ganze Land und die Lebensart der Südfranzosen, die zu faszinieren vermag und die sich von der unseren in so vieler Hinsicht unterscheiden.

Mit der französischen *l'art de vivre* sind Sie im Verlauf mehrerer Urlaubsaufenthalte oder auch auf Geschäftsreisen vermutlich ein wenig vertraut geworden. Der aus Schottland nach Südfrankreich emigrierte Journalist Graham Gauld hat es auf den Punkt gebracht: »Es ist eine wundervolle Mischung mehrerer Komponenten: Die Fröhlichkeit der Franzosen im Midi, ihre Philosophie und ihre kulinarischen Talente, das reizvolle Landschaftsbild und die Ausstrahlung der kleinen, alten Ortschaften. Wenn ich von meiner Bergerie hinunter nach Claviers, Fayence oder Castellane fahre, um Obst, Gemüse, frische Baguettes und Lammkoteletts einzukaufen, mit meinem Weinhändler schwatze, dann einen kleinen Schwarzen im Café du Cerf trinke oder einen Pastis – dann tauche ich immer wieder in eine andere Welt ein...«

Gauld ist viel herumgekommen, ehe er sich mit 50 entschloss, in Südfrankreich ansässig zu werden. »Es wäre allerdings naiv, sich irgendwo in der Provence spontan ein Bauernhaus zu kaufen und zu glauben, die Romantik stelle sich damit von selbst ein. Man muss in jedem Fall erst einmal ausloten, ob man das richtige Lebensgefühl für ein langfristiges Frankreich-Abenteuer entwickeln kann. Nicht jeder, der Frankreich zu lieben meint, wird glücklich, wenn er dort lebt.«

Es gibt unendlich viele Gründe, Sympathie für Südfrankreich zu hegen, wenngleich sich das Land nicht immer und überall von seiner angenehmen Seite zeigt. Auch kann es sich nur ein kleiner Prozentsatz aller Franzosen erlauben, die Sonnenseiten des viel gelobten Südens zu genießen, und nicht überall sieht es in Südfrankreich so freundlich aus wie in Castellane, Beaulieu-sur-Dordogne oder an der Route Saint Remy de Provence. Zum Landschaftsbild des Midi gehören auch durch Fertighaus-Gruppierungen zersiedelte oder durch Waldbrände geschorene Berghänge; etliche der einst so idyllischen Küstenstädte zeichnen sich heute durch Verkehrslärm und Touristennepp aus, und mancher, der als Zuzügler in die Mühlen der französischen Bürokratie geraten ist, wünscht sich nichts sehnlicher als einen gewaltigen Wirbelsturm, der die ganze Préfecture oder Mairie samt Inhalt davontragen möge...

Dennoch: Relativiert man das Für und Wider, bleibt von der Kritik nicht viel übrig, wenn man ihr die Zahl der provençalischen Sonnentage pro Jahr oder die Summe fröhlicher Abende gemeinsam mit guten Freunden bei ein paar Flaschen Landwein gegenüberstellt. Ob die Bilanz am Ende positiv oder negativ ausfällt, hängt ganz von dem ab, der sie erstellt. Uns Nordländer fasziniert ja gerade die komplexe Mischung, die Südfrankreich zu einer so interessanten Region in Europa macht.

Wenn Sie die Franzosen und ihren Midi näher kennen gelernt haben, werden Sie beipflichten: Die Redensart »wie Gott in Frankreich leben« könnte hier ihren Ursprung haben.

Vorteile durch den Euro

Viele deutsche Steuerzahler legen ihr Geld in Grundbesitz außer Landes an, weil sie glauben, damit steuerliche Vorteile zu erlangen. Aber solche Beweggründe sind irrational. Nach Frankreich flüchtet man nicht vor dem Finanzamt und erst recht nicht vor dem Euro; dort ist er ab Januar 2002 ebenso offizielle Landeswährung wie in Deutschland und in den anderen Ländern der Währungsunion. Und die Erfüllungsgehilfen des französischen Fiskus setzen säumigen Bürgern nicht weniger zu als die Finanzämter in anderen Ländern ihren Steuerpflichtigen, egal wo diese sich aufhalten. Frankreich kann man nicht gerade als Steueroase bezeichnen; Pfeffersäcke mit Schwarzgeldkonten pflegen andere Geheimparkplätze für ihr Kapital zu bevorzugen.

Der Erwerb von Grund und Boden ist in Frankreich durchaus lohnend – für Investoren, die sich auskennen. Die Preise vieler der in diesem Land angebotenen Objekte sind im Vergleich zu denen in Deutschland immer noch günstig, selbst wenn sich das Preisniveau im Verlauf der letzten fünf Jahre mancherorts verdoppelt hat. Eines der nachfolgenden Kapitel informiert Sie darüber detaillierter – auch darüber, ob es sinnvoll ist, Ihr Haus oder Ihre Wohnung während der Zeit Ihrer Nichtanwesenheit an Feriengäste weiterzuvermieten, was eine zumindest teilweise Amortisation Ihrer finanziellen Aufwendungen für das Objekt bedeuten könnte.

Im übrigen erleichtert die unwiderruflich beschlossene Einführung des Euro als alleiniges Zahlungsmittel mit Wirkung vom 1. Januar 2002 direkte Preisvergleiche. Schon seit Anfang 1999 gibt es keine finanziellen Einbußen durch Wechselkursschwankungen mehr; ab 2001 sind beim Geldumtausch in EU-Ländern auch keine Bankspesen mehr fällig. American Express berechnet seit 1999 keine Wechselgebühren mehr (wie sie beim Bargeldumtausch bis dahin noch immer anfielen und in Frankreich meist 3 Prozent der Umtauschsumme ausmachten). Wir haben in diesem Buch sämtliche Preisangaben ebenfalls in Euro ausgewiesen, um den Lesern das Vergleichen zu erleichtern.

100 Francs entsprechen dem schon 1998 festgelegten Kurs von 15,24 Euro; ein Euro entspricht 6,56 FF. Bei einem auf

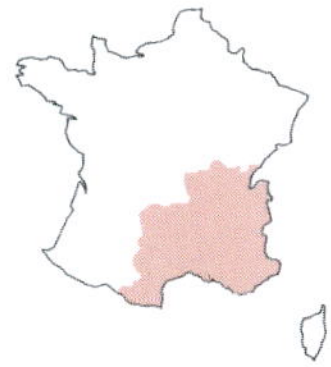

DM 29,82 fixierten Wechselkurs für 100 Francs ist die Differenz beim Umrechnen gering (1 DM = 3,35 FF Euro). Es gibt Taschenrechner, die zu nichts anderem verwendet werden als zur Euro-Umrechnung, weil sie so programmiert sind. Aber bald wird man sie weglegen können, weil es innerhalb Europas nicht mehr viel umzurechnen gibt – vielleicht Beträge in englischen Sterlingpfunden, in Schweizerfranken oder Rubel.

Das Thema »Euro« wurde übrigens in Frankreich früher als in Deutschland in der Öffentlichkeit diskutiert und seine geplante Einführung so gut wie einhellig begrüßt. Auch Preisauszeichnungen sowohl in der Landeswährung als auch in Euro wurden in Frankreich früher vorgenommen als bei uns (zum Beispiel auf Speisekarten und in der Werbung des Einzelhandels), wie sich überhaupt die Wirtschaft des Landes in jeder Hinsicht bemüht, ihre Integration in die Europagemeinschaft zu verstärken.

Südfrankreich: Versuch einer Definition

Le Midi – das ist der Allgemeinbegriff für den Süden Frankreichs. Er sei hier etwas präziser gefasst – in der subjektiven Definition des Autors und der konsultierten Freunde und Gesprächspartner, die zu der Substanz dieses Buches wertvolle Beiträge leisteten.

Frankreich besteht aus 22 Regionen, eingeteilt in 95 kleinere und größere Departements und 36.545 Gemeinden. In alphabetischer Reihenfolge sind die Departements durchnummeriert, von Ain (01) bis Val d'Oise (95). Mit den Behörden des betreffenden Departements hat man es in aller Regel zu tun, wenn es um Verwaltungsangelegenheiten geht (denn Paris ist sehr weit weg – zum Glück, wie man oft hört).

Wenn in diesem Buch pauschal von Südfrankreich die Rede ist, so sind damit also folgende Regionen gemeint:

■ **Provence-Alpes** mit den Departements 04 (Alpes de Haute-Provence), 05 (Hautes-Alpes), 13 (Bouche-du-Rhône und 84 (Vaucluse). Es gehören auch die Departements 06 (Alpes Maritimes) und 83 (Côte d'Azur/Var: Littoral Varois) da-

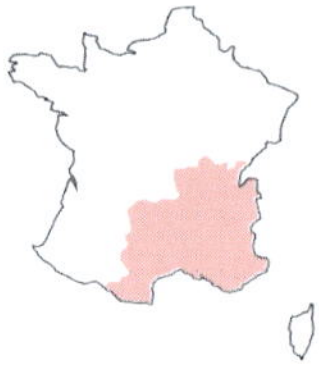

zu. Die französischen Seealpen mit ihren Ausläufern bis hinunter zur Mittelmeerküste, pauschal als La Provence bezeichnet, sind für den Nord- und Mitteleuropäer besonders anziehend. Die landschaftliche Vielfalt umfasst sowohl karge Gebirgszüge als auch fruchtbare, sich zu jeder Jahreszeit in prächtigen Farben darbietende Täler und Ebenen, das Rhônedelta mit der steppenartigen Camargue, Steil- und Flachküsten, menschenleere Gegenden wie Häfen und Städte mit pulsierendem 24-Stunden-Rhythmus. Der Duft von Rosmarin, Lavendel und Mimosen, von unzähligen Kräutern und Gewürzen kontrastiert zu Palmen, Agaven, Zypressen und Kakteen sowie zu den klassischen Nuancen, die in der unmittelbare Nähe von Ölmühlen und Winzereien vorherrschen.

■ **Rhône-Alpes** mit den Departements 01 (Ain), 07 (Ardèche), 26 (Drôme), 38 (Isère), 42 (Loire), 69 (Rhône), 73 (Savoie) und 74 (Haute-Savoie). Die alpine Schönheit dieser Region, nach Süden sich schon recht mediterran gebend, ist von besonderem Reiz. Idyllische, vom Tourismus nicht in Mitleidenschaft gezogene Städte, urige Steinhausdörfer in versteckten Tälern, Naturparks und unverdorbene Wildflusslandschaften kennzeichnen diesen Teil Frankreichs.

■ **Languedoc-Roussillon** mit den Departements 11 (Aude), 30 (Gard), 34 (Hérault), 48 (Lozère) und 66 (Pyrennés Occidentales). Diese Region umfasst die Mittelmeerküste westlich des Rhônedeltas mit der wilden Camargue, ihrem fruchtbaren Hinterland und historisch so bedeutsame Plätze wie Nîmes und Grau-du-Roi. Von den Ausläufern der Cevennen bis hinunter nach Carcassonne, Narbonne, Béziers und Montpellier prägt eine üppige Botanik (Blumen, Obst, Gemüse und Weinbau) die Landschaft, während in den Städten Wirtschaft, Business und Kulturleben diesem Teil des Midi seit jeher einen ganz eigenen Lifestyle gegeben haben. Languedoc leitet sich übrigens von Langue d'Occident ab: Sprache des Westens.

■ Die *östlichen Midi-Pyrennés* mit den Departements 09 (Ariège), 12 (Aveyron) und 81 (Tarn). Dichte Wälder, sanft hügeliges Bergland, an dessen Hängen herrliche Trauben gedeihen: Hier wir der Armagnac produziert. Im Dreieck von Rodez, Millau und Albi werden viele Gehöfte, kleine Dorfhäuser und einzeln gelegene Anwesen in geschützter Lage angeboten. Die Pyrenäen locken Freunde des Alpinismus und des Wintersports.

■ Der **Süden der Auvergne** mit den Departements 15 (Cantal) und 43 (Haut-Loire). Ein abwechslungsreiches Landschaftsbild bestimmt diese Region, den südlichen Teil des Massif Central. Zwischen St.Etienne, Le Puy und Aurillac, so sagt man, werden der beste Käse Frankreichs, die beste Wurst und ein sehr guter Wein (Côte d'Auvergne) produziert. Noch ist die Auvergne ein Geheimtipp für Romantiker und Genießer.

Der hier verwendete Begriff Südfrankreich – genau genommen ist es also der Süden und der Südosten – umfasst eine Anzahl unterschiedlichster Landschaften, Klimazonen und Topografien. Sie bestehen aus alpinen Gebirgsgegenden, den Aus-

Ideales Urlaubsdomizil: Villars in den französischen Seealpen.

läufern der Cevennen und des Massif Central, der pittoresken Mittelmeer-Küstenregion (Littoral) sowie aus dem Rhônetal mit dem Mündungsdelta dieses großen Flusses. Im Osten grenzt das Gebiet an Italien, im Südwesten an Spanien.

Natürlich liegt auch Aquitanien (Bordeaux, Biarritz) im Süden Frankreichs. Gleichwohl haben wir die Grenzen enger gezogen und die atlantischen Regionen ausgespart; dort spielt sich das Leben doch in mancher Beziehung etwas anders ab als im klassischen Midi. Ausgespart wurde auch Monaco, weil der Status dieses vielgepriesenen Fürstentums an der Côte d'Azur eine Fülle von Sonderregelungen mit sich bringt, die vom französischen Standard abweichen und auf die näher einzugehen den Rahmen dieses Buches sprengen würde.

Frankreich hat eine beträchtliche Ausdehnung, und so unterscheiden sich Mentalitäten und Lebensart der Bewohner je nach Region schon sehr von einander. Da Sie als Nichtfranzose stets Gast in diesem Land sind, auch wenn Sie sich hier nicht als Tourist aufhalten, sondern ansiedeln, empfiehlt es sich sehr, bestimmte landestypische Gepflogenheiten zu respektieren und sich ihnen anzupassen. Vieles wird Ihnen leichter fallen, wenn Sie sich an ein paar Spielregeln halten.

In einigen Gegenden gibt man sich wortkarg, in anderen eher gesprächig. Und wenn der Südfranzose ins Diskutieren kommt, dann weniger über die Weltpolitik als über die lang anhaltende Dürreperiode, über Fußball, Kaninchenjagd oder rassige Motorräder. Seinen Standpunkt, ganz gleich in welcher Sache, seinen Unmut wie auch seine Begeisterung vermag er mit Leidenschaftlichkeit vorzutragen, und wenn er Fragen stellt, wartet er nur selten Antworten ab, da er sie meist schon selbst parat hat. Dem anderen in die Rede zu fallen ist kein Zeichen von Unhöflichkeit; wer sich beim Gespräch an der Theke im Bistro zurückhält, bis man ihm das Wort erteilt, kann darauf lange warten.

Sparsam gehen die Franzosen mit dem vertraulichen »Du« um, allenfalls verwenden sie es gegenüber dem Ehepartner und Kindern oder unter engen Freunden und Verwandten. Kennt man sich näher, ist die Anrede mit dem Vornamen durchaus üblich, meist aber in Verbindung mit dem *vous* (Sie) und nicht mit dem intimen *tu* (du).

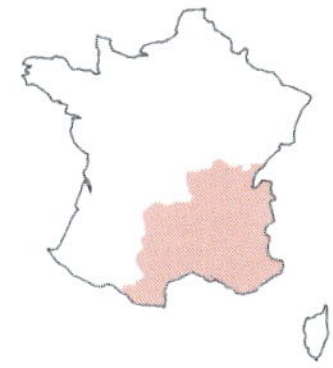

Apropos Kinder: Ihnen gilt in Südfrankreich ganz besondere Zuwendung. Ob spät abends im Restaurant, im Zugabteil oder beim Spaziergang im Park: Kinder dürfen alles, vor allem Lärm machen, ohne dass man es den Erwachsenen anmerken würde, ob sie sich dadurch gestört fühlen. Im Norden oder in Paris mögen strengere Sitten herrschen. Im Midi aber gibt es keine erhobenen Zeigefinger, keine gezischelten Zurechtweisungen – die auch nicht viel nützen würden. Schon im Alter von zwei Jahren besuchen die Kleinen einen Kindergarten bzw. eine Krippe, und wenn sie in die Schule kommen, kennen sie bereits mehr Spielregeln, das menschliche Zusammenleben betreffend, als Gleichaltrige in anderen Ländern.

Wer um die Mittagszeit durch die Straßen einer südfranzösischen Kleinstadt spaziert, sieht überall geschlossene Fensterläden. Als ob niemand zu Hause wäre. Dies ist aber sehr wohl der Fall. Man zieht sich zur Ruhezeit nicht hinter Gardinen zurück, sondern – schon um die Sonnenhitze nicht ins Haus zu lassen – hinter Jalousieklappen und Läden, die um so dichtere Lamellenabstände aufweisen, je südlicher die Region.

Ältere Leute, so stellen Sie fest, kleiden sich zumindest in ländlichen Gegenden in Schwarz, und wenn sie schon früh verwitwet sind, auch in jüngeren Jahren. Herausfordernd salopp gekleideten Französinnen begegnet man auch in der Stadt nur selten, und Badeschönheiten »oben ohne« sind an den Stränden auch heute noch (fast) ausschließlich Feriengäste aus dem nördlichen Europa. An nur wenigen Stränden ist Nacktbaden gestattet wie etwa am Strand von St.-Cyr-sur-Mer, in Le Lavandou oder in Port-Pothua auf den Hyères.

Spricht man von »La France« oder von »Les Français«, so muss man sich vor Verallgemeinerungen hüten. In der Bretagne, im Elsass, im Médoc oder in Paris gehen die Uhren anders als im Süden. Die Lebensart der im Midi lebenden Menschen ist von größerer Leidenschaftlichkeit und damit typisch mediterran geprägt; die tägliche Konfrontation mit einer Welt voller Gegensätzlichkeiten befähigt sie, auch extremen Situationen stets eine positive Seite abzugewinnen – und das hat etwas sehr Sympathisches.

Vom Corbière bis zur Bouillabaisse: Savoir-vivre!

Wenn Sie eine Zeit lang in Südfrankreich gelebt haben, werden Sie typische Ausdrucksformen verschiedener Gemütsbewegungen der dort lebenden (einheimischen) Menschen zu differenzieren wissen. Was Ihnen anfangs wie ein Streitgespräch unter rivalisierenden Nachbarn vorkam, erkennen Sie bald als eine ganz normale Unterhaltung über die letzte Olivenernte. Meist ergänzen Handbewegungen das gesprochene Wort, wobei das Alphabet des Gestikulierens sehr viel mehr Ausdruckskraft hat als das ABC der 26 Buchstaben.

Wurst und Käse aus der Auvergne: Hier kauft der Gourmet ein!

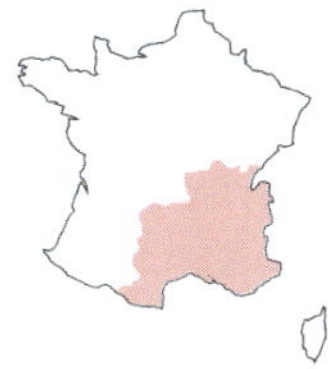

Südliches Temperament zeichnet auch so manches Gespräch über die Speisefolge oder die Auswahl und Qualität der Weine in einem guten Restaurant aus; solche Themen, auch mit dem Wirt oder dem Ober diskutiert, können ein abendfüllendes Programm abgeben. Franzosen beim Verzehr ihres Menus zuzuhören und zuzusehen, ist eine Lektion im Savoir-vivre, und im Midi eine besonders inhaltsreiche. Wo man bei Tisch nur übers Geschäft spricht und kein Wort über Essen oder Trinken verliert, haben sich Gastro-Profis zusammengefunden, denen man ungefragt das Beste auftischt, was das Haus zu bieten hat, *comme toujours*. Um so mehr genießen diese Leute, obwohl sie über Geld, Jagdhunde oder Internet reden.

Musik werden Sie in einem feinen Restaurant in Frankreich selten hören. Die Südfranzosen sind gewiss kein unmusikalisches Volk, aber sie sprechen mehr als sie zu musizieren belieben, und sie sind auch längst nicht so sangesfreudig wie etwa nordische Gastzecher aus Rüdesheim am Rhein oder fränkische Kegelbrüder auf Ferienfahrt.

Wein ist in Südfrankreich zu jeder Mahlzeit – das *petit déjeuner* ausgenommen – ein so gut wie obligatorisches Getränk. Wobei in bürgerlichen Restaurants leichte, preiswerte Tafelweine ohne AOC-Prädikat durchaus keinen Verstoß gegen kulinarische Reglements darstellen.

Die Weine der Region zu kennen, zeichnet den Gourmet eben so sehr aus wie die Kombination mit den Speisen, zu denen er sie trinkt. Mit jeder Mahlzeit, die Sie in einem rustikalen Lokal einnehmen, lernen Sie in dieser Hinsicht ein wenig dazu, vor allem, wenn Sie sich vom Wirt beraten lassen. Zu welchem Gericht ein Corbières oder besser ein Fitou passt, ob man die Bouillabaisse mit dem Löffel isst oder aus eingedipptem Baguette saugt, welcher Käse erst

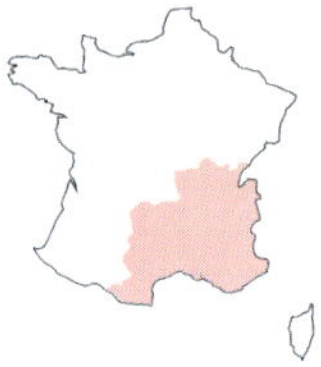

einen bestimmten Reifegrad erhalten muss, ehe man ihn zum Verzehr empfiehlt: All das lernt man nicht in einer Woche und auch nicht in einem Monat. Vor allem aber nicht in den Nobelherbergen des Littoral mit internationaler Küche und solchen Lokalen, die mit *»menu touristique«* werben und auf deren Parkplatz ausschließlich Reisebusse aus Castrop-Rauxel, Winterthur oder St. Pölten stehen. *Vous comprenez?*

Fremde werden Freunde

Der Franzose schließt selten Freundschaft auf den ersten Händedruck. Fremden gegenüber übt er sich zunächst in Zurückhaltung, und es dauert eine Weile, bis das Eis gebrochen ist. Manchmal wartet man darauf eine Ewigkeit – und das kann ganz unterschiedliche Ursachen haben. Der vermeintlich »typisch französische« Charme teilt sich dem Fremden nur verhalten mit.

Pariser werden im Süden Frankreichs etwa gleichermaßen ernst genommen wie Berliner in Oberbayern. Auch über das Auftreten der Amerikaner, Briten und Japaner on holiday lächeln die Südfranzosen – nun, nicht immer. Aber immer öfter. Deutsche, Österreicher und Schweizer sind ebenfalls nicht überall gleichermaßen beliebte Gäste in Südfrankreich, des gleichen Belgier und Niederländer (vor allem in Caravans). Die Gründe für südfranzösische Vorbehalte sind einmal ganz allgemein im Massentourismus zu suchen, der in manchen Gegenden enorme Ausmaße annahm, ehe er sich in den späten 90er-Jahren ein wenig (und nur zum Leidwesen der Hoteliers) reduzierte; zum anderen haben Zweitwohnungssuchende aus Mittel- und Nordeuropa für einen Preisanstieg auf dem Immobiliensektor gesorgt, der in vielen Gegenden inzwischen zwar zum Stillstand gekommen ist, französische Grundstücksinteressenten aber zunächst ins Hintertreffen geraten ließ. Und die nahmen den Zugereisten übel, dass diese einst jeden hohen Preis zu zahlen bereit waren, der gefordert wurde. Das hat den Markt verdorben.

Es waren Briten, die Südfrankreich als temporäres Winterrefugium zuerst entdeckten, schon vor mehr als 100 Jahren.

Damals kamen die Südfranzosen mit den Briten ganz gut aus. Die jüngere Generation tut sich heute schwer, den Geist alter Waffenbrüderschaften zu beschwören – in den Regionen der Kanalküste gelingt ihnen das auch nicht besser. Viele Wunden aus der Zeit von 1939 bis 1945 sind eben noch immer nicht vernarbt, egal, wer sie schlug. Und da Engländer ihren Akzent niemals abzulegen im Stande sind, auch wenn sie ein halbes Leben in Frankreich verbracht haben, gelingt ihnen keinerlei Tarnungsversuch.

Ob Briten, Holländer, Deutsche: Südländische Herzlichkeit und Hilfsbereitschaft, Aufgeschlossenheit und unvoreingenommene Gastfreundschaft, wie man sie von Italien her kennt, registriert der Ausländer im Midi erst, nachdem er selbst ein Stück des Landes geworden ist. Und das kann, wie bereits gesagt, eine ganze Weile dauern – ganz gleich, welcher Akzent seiner Muttersprache im Französischen durchklingt. Nicht immer erkennt der Fremde, dass es vielleicht auch sein Verhalten ist, mit dem er Vorbehalte schafft oder alte bestätigt – und deren Abbau nun einmal mit dem Grad seiner Anpassungsfähigkeit zusammenhängt. Die Leidenschaft für südfranzösische Lebensart vergeht schnell, wenn man als »ewig Fremder« keinen Zu-

Entspannte Geselligkeit wird überall im Midi großgeschrieben: nicht zuletzt beim Boule.

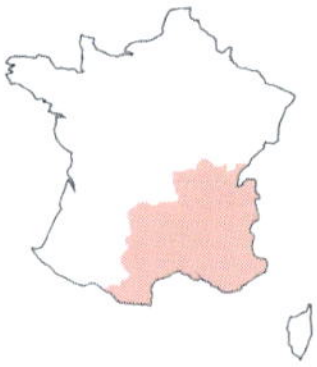

gang zu jenen Menschen findet, die man als Freunde gewinnen möchte. Der erste Brückenschlag sollte in jedem Fall von Ihnen kommen, und er beginnt mit verbaler Verständigung. Das heißt: Verbessern Sie so rasch wie möglich Ihr Schulfranzösisch!

Verzichten Sie auf das Herauskehren des überkorrekten Preußen, auf herablassende Belehrungen oder auf die Durchsetzung vermeintlich unwiderlegbarer Standpunkte. Man schafft sich keine Freunde durch Rechthaberei. Andererseits wird man Ihre Initiative, ein gewisses Maß an Selbstbewusstsein im Auftreten und Offenheit gewiss honorieren – vor allem aber Ihre Freundlichkeit. Und nicht nur im Geschäftsleben schätzt der Franzose Respekt und Höflichkeit. Stapeln Sie tief, üben Sie sich in Bescheidenheit und Zurückhaltung: Man wird es zu schätzen wissen.

Übrigens: EU-Bürger, ganz gleich, welchen Pass sie besitzen, dürfen an französischen Kommunalwahlen teilnehmen, sofern sie in Frankreich ihren festen Wohnsitz haben. Voraussetzung ist der Eintrag in die Wählerliste, die auf der Mairie (Bürgermeisteramt) jeweils drei Monate zuvor ausliegt.

Neue Freundschaften zu knüpfen und Zäune zu überwinden, gelingt den Jüngeren – insbesondere Kindern – meist schneller als den Älteren. Die Jugend Frankreichs wird in den Schulen ganz im Sinne eines Pan-Europa erzogen. Hier praktiziert man intensiv die Idee der Jumellages (Schwesterstädte in anderen Ländern) durch Schüleraustausch, Kontakte im Kulturbereich und geschäftliche Aktivitäten. Und versäumen Sie nicht, die lokalen Festivitäten zu besuchen, sie sind wie die staatlichen oder regionalen Feiertage gute Gelegenheiten, mit den Menschen ins Gespräch zu kommen, mit ihnen fröhlich zu sein und ein Glas zu trinken. Auf das Wohl des Stadtheiligen, der französischen Nationalelf oder des Erfinders der *terrine á foie gras* – wer gerade an der Reihe ist.

Apropos Feiertage: Neben den christlichen Feiertagen, die auch wir kennen, werden in Frankreich der 11. November als Tag des Waffenstillstandes von 1918 und der 8. Mai als der des Kriegsendes von 1945 gefeiert; am 15. August ist wegen Maria Himmelfahrt schul- und arbeitsfrei, und selbstverständlich auch am 14. Juli, dem Nationalfeiertag der Grande Nation. Einen zweiten Weihnachtsfeiertag kennt man in Frankreich nicht.

Klima, Wetter, Jahreszeiten

Später als woanders hat man im Süden Europas Konsequenzen aus den Schäden gezogen, die Versäumnisse im Umweltschutz verursacht haben. In stark industrialisierten Gegenden Frankreichs ist die Luft zum Atmen heute nicht besser als im Smog von London oder Duisburg. Allerdings weisen die Mittelmeerküsten am Golfe de Lion im Vergleich zu anderen Anrainern heute sehr saubere Strände auf; die Badequalität des Meerwassers hat in den letzten fünf Jahren wieder einen Spitzenplatz erreicht. Hier haben Staat, Kommunen und auch private Institutionen Enormes geleistet – vor allem natürlich im Hinblick auf den Tourismus. Auch haben die Naturschützer viel bewirken können.

Mittelmeerurlauber fahren nicht mehr wie einst nach Nizza, St. Tropez oder Canet-Plage, um sich 14 Tage in den heißen Sand zu legen und bronzebraun (oder krebsrot) brennen zu lassen. Man fürchtet die gesundheitsgefährdende Auswirkung allzu intensiv genossener Sonnenstrahlen auf der Haut. So hat sich das Urlaubsverhalten der Touristen allmählich verändert; die klassischen Badeorte an der Côte d'Azur und an der Roussillon-Küste – obwohl ihre Strände sauber und das Wasser klar sind – registrieren einen Rückgang an Strandgästen.

Man vergnügt sich lieber am Pool, und immer mehr Urlauber verbringen ihre Ferien im (obendrein preisgünstigeren) Binnenland. Die Anspruchsvolleren unter ihnen entdecken zunehmend die Reize eines ganz »anderen« Südfrankreich, jenseits von Cannes und La Grande Motte – Badeorte, die durch den Massentourismus viel von ihrem ursprünglichen Charme verloren haben.

Das südfranzösische Frühjahr ist von der nördlichen Rhônetal-Pforte bis Port Vendres natürlich überall eine geradezu zauberhafte Jahreszeit. In den geschützten Lagen der Côte d'Azur beginnt der Frühling zeitig und bringt bereits Ende März eine Blütenpracht hervor, die sich bis zum Juni steigert und diese Regionen in frische, leuchtende Farben taucht, die schon viele Künstler zum Malen, Dichten und Komponieren inspiriert haben.

Es ist nicht mehr viel los in den alten Fischereihäfen. Bootsliegeplätze sind deshalb dort sehr preisgünstig – es muss eben nicht immer die Marina sein!

Weiter oben in den Bergen und in den Cevennen hält sich der Winter wie in allen alpinen Regionen länger; es kann vorkommen, dass einige Passstraßen der Seealpen noch den ganzen Mai hindurch gesperrt bleiben.

Vereinzelt kommt es an den Küsten zu starker Nebelbildung. Ostern 2000 war Nizza in so dichten Nebel gehüllt, dass ein Verkehrschaos die Folge war. Angeblich kommt so etwas höchstens einmal im Jahr vor, aber es sind eben immer wieder die Ausnahmen, die jede Regel bestätigen.

Der Sommer ist die Jahreszeit, die der Urlaubsreisende in Frankreich am intensivsten nutzt; seit der Erfindung der

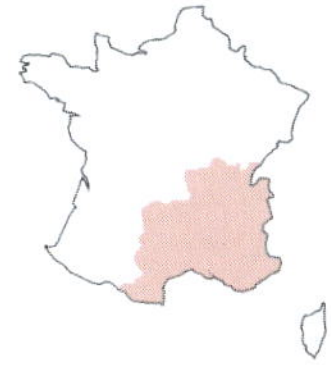

Großen Schulferien (in Frankreich: Juli, August, erste Septemberhälfte) ist das so. In der Provence und im Languedoc-Roussillon kann er sehr heiß und sehr trocken ausfallen; auch an den Küsten kann es zu extrem hohen Temperaturen kommen – im angrenzenden Hinterland verbunden mit erhöhter Waldbrandgefahr. An der Côte weht stets eine erfrischende Brise vom Meer her, die weit bis in die seewärts ausgerichteten Täler hinein wirkt (und eben leider auch die Waldbrände anfacht). Angenehme, im Wetter ziemlich ausgeglichene Sommer genießt man in der Vaucluse und in der oberen Provence, während es im unteren Rhônetal häufiger schwül wird und es danach tagelang Regen gibt. Dann sind auch die Abende recht kühl.

Drückend heiß in den Hochsommermonaten wird es tagsüber in den oberen Cevennen sowie in Küstengegenden von der Rhônemündung bis zur spanischen Grenze, ohne dass von See her – wie an der Côte d'Azur – ein erfrischender Hauch kommt. Wenn er sich einstellt, dann erst kurz nach Sonnenuntergang, und er veranlasst Sie, doch noch einen Pullover überzuziehen. Wenn im Rhônetal bei strahlendem Sonnenschein jener kalte Nordwind bläst, der Mistral genannt wird, mag man das zwar als willkommene Abkühlung empfinden, doch die Einheimischen warnen: Sonnenbrand plus Erkältung ergeben eine höchst unangenehme Kombination.

Permanent schlechtes Sommerwetter, wie es uns im Norden eine komplette Feriensaison verderben kann, kennt man in Südfrankreich auch – aber eher im Binnenland. Und es stellt sich nur sehr selten ein. An den Küsten hält sich eine regnerische Großwetterlage nie sehr lange.

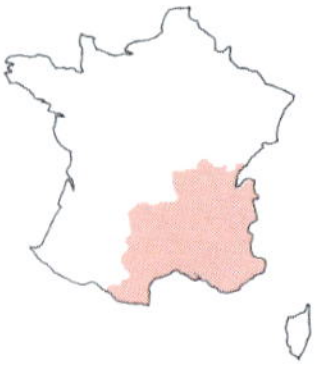

Der Herbst beginnt in Frankreichs Süden früh. In Regionen mit geringen Niederschlagsmengen und hoher Sonneneinstrahlung wird das Grün schon Ende Juli gelb, und mit Zunahme der längeren Nächte und kürzeren Tage speichern Boden und steinerne Mauern nicht mehr so viel Sonnenwärme.

Im August, dem zweiten traditionellen Ferienmonat der Franzosen, herrscht tagsüber zwar noch hochsommerliches Wetter, doch an den Abenden wird es früh dunkel, und ab Ende September sind die Nächte nur noch an den Côte angenehm lau. Zu einem Bad im Meer, in das kaum ein Franzose des Midi vor dem 1. August und nach dem 15. September steigt, bequemen sich danach nur noch abgehärtete Nordlichter.

Dort, wo Wein angebaut wird, hat der Herbst natürlich seinen besonderen Reiz, denn er ist nun einmal die Jahreszeit der Lese. Die kühlen, sonnigen Morgenstunden und milden Spätnachmittage Ende September, Anfang Oktober sind zum Beispiel in der Provence, in der Auvergne und in der Lozère unvorstellbar schön.

Der Winter, so könnte man meinen, sei eine Jahreszeit, die in Südfrankreich weitaus angenehmer als nördlich der Alpen zu verbringen ist. Zumindest aus der Sicht jener, die dem Schnee und der Kälte entrinnen möchten.

Bis weit in die südliche Provence hinein sind die winterlichen Klimaverhältnisse aber nicht unbedingt paradiesisch. Ski-Fans finden in Bergen zwar beste Voraussetzungen für die Ausübung ihres geliebten Sports, aber wenn das Thermometer im Rhônetal um die Null Grad anzeigt, registriert man dort zugleich eine hohe Luftfeuchtigkeit. Auch in den Niederungen der Rhône-Zuflüsse herrscht im Winter ein feuchtkaltes Klima.

An der Côte und den Küstenregionen Richtung Spanien ist es bei winterlichen Durchschnittstemperaturen von 12 bis 16 Plusgraden milder und weitaus angenehmer. Nur äußerst selten bewegen sich die Januartemperaturen an der französischen Mittelmeerküste unter 10 Grad.

Wenn Sie also über die Wintermonate dem kalten Norden entfliehen und lieber mehr Sonne und Wärme genießen möchten, werden Sie an der Côte d'Azur, ebenso in der Gegend um Narbonne oder Perpignan vermutlich glücklicher als in Valence, in Gap oder in Briançon. Und in den Höhen der Causse Méjean kann es ebenso bitter kalt werden und sogar Schneestürme geben wie in der Auvergne, wo das Thermometer schon einmal auf 15 Minusgrade sinken kann, oder in den oberen Savoyen. Dort muss dann winters fleißig geheizt werden.

Landesspezifisches

Als Gastbürger in Frankreich werden Sie mit politischen Tagesfragen zunächst wenig in Berührung geraten. Im Laufe der Zeit bekommen Sie aber mit, wer von Ihren einheimischen Freunden, Nachbarn und anderen Mitmenschen der einen oder der anderen politischen Weltanschauung zugetan ist. Je kleiner die Gemeinde, desto eher werden Sie individuelle Gewichtungen registrieren. Dabei geht es vorrangig um Dinge, die lokale Bedeutung haben oder sich allenfalls im Departement abspielen. Was die Bauern in der Picardie oder den Industriearbeiter im Franche-Comté bewegt, kann einem Provençalen den Schlaf nicht rauben. Und Paris? *Mon dieu* – wo liegt das denn?

Staatlichen Institutionen und Uniformträgern aller Art zollt der Südfranzose keinen übertrieben hohen Respekt. Ausnahme: bei einer Polizeikontrolle. Dem Justizwesen wird allgemein vertraut, die Honorigkeit von Anwälten und Notaren kaum je in Zweifel gezogen.

Den Doktortitel trägt man mit Stolz, denn er ist mehr als nur eine akademische Auszeichnung; er hat gesellschaftliche Bedeutung. Die Anrede lautet aber schlicht *Docteur* und nicht *Monsieur Docteur*. Im Zweifelsfall ist die Anrede *Monsieur* und *Madame* immer korrekt, sei es mit oder ohne den Familiennamen dahinter – so wie Sie in England die Anreden *Sir* oder *Madam* gebrauchen.

Ein freundlicher Gruß, auch fremden Menschen gegenüber, wird stets erwidert. Und ein *»bon jour«* ist eigentlich überall angebracht, ob man ein Geschäft betritt, sich für ein Glas *rouge maison* an die Bar stellt oder vor dem Bankschalter er-

Die kleinen Geschäfte auf dem Lande sind oft Kneipe, Postamt, Zeitungsladen und Supermarkt in einem.

scheint. Andere Gruß- und Darbietungsformen guter Tageswünsche, etwa durch das Antippen der Mütze, müssen schon sehr gekonnt sein, sollen sie überzeugen. Versuchen Sie erst gar nicht, sich darin zu üben! Jeder Anlauf, sich französischer als die Franzosen zu geben, würde Sie als Anbiederer entlarven.

Das saloppe *»salu«* entspricht unserem *»hallo«* und wird beim Kommen wie beim Gehen verwendet. Möchten Sie an jemanden eine Frage richten, sei es nach dem Weg oder nach einem Artikel im Supermarkt, ist ein vorangestelltes *»excusez-mois«* oder *»s'il vous plait«* angebracht. Auch die Vokabel *»merci«* gehört zur Grundausrüstung Ihres Französisch.

Wenn Hans Meier einen Brief erhält, der amtlichen Inhalts ist oder eine gesellschaftliche Einladung enthält, wird er mit Dir. Meier Hans adressiert sein, ob der Angesprochene nun Direktor ist oder nicht. Den Familiennamen stellt man häufig voran.

Wie gut ist Ihr Französisch?

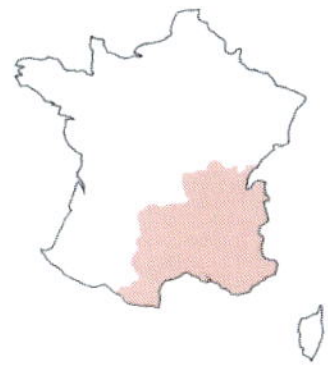

Wie bereits weiter vorn ausgeführt, werden Sie nicht umhinkommen, die Landessprache zu lernen, wenn Sie vorhaben, sich auf Dauer oder doch über längere Zeit in Frankreich aufzuhalten.

Niemand wird von Ihnen erwarten, dass Sie über kurz oder lang die französische Sprache perfekt beherrschen. Gewiss, der Tourist wird seine Pommes frites und seinen Bier, sein Tankstellenbenzin und seine Zigaretten überall bekommen, auch wenn er kein einziges Wort Französisch kann. Sie aber fragen im Baumarkt nach Kreuzschlitzschrauben oder im Haushaltsgeschäft nach Staubsaugerbeuteln, möchten telefonisch für morgen früh ein Taxi vorbestellen, haben dem Fernsehtechniker ein Problem beim Empfang Ihres Lieblingssenders zu erklären oder möchten den Hausbesorger fragen, wann der Stromableser kommen wird. Vor allem wollen Sie nachbarschaftliche Kontakte anbahnen, Vertrauen schaffen und mit den Leuten auf dem Markt auch mal über ein paar Belanglosigkeiten reden – das gehört nun einmal dazu.

Die Südfranzosen pflegen sehr schnell zu sprechen, dazu sehr melodisch. Selbst mit guten Französischkenntnissen werden Sie anfangs Schwierigkeiten haben, die Einheimischen zu verstehen. Im Südwesten, Richtung Spanien, mischt sich katalanisches Sprachgut mit ein, das macht die Verständigung auch nicht gerade leichter.

Englisch? In Frankreich, wo man so stolz auf die Sprache Voltaires ist, ist es ein schlechter Behelf und meist nur bei jüngeren Gesprächspartnern (unter 30) anwendbar.

Anders ist die Situation in Gegenden mit ausgeprägtem Fremdenverkehr. Hier wird man Sie auf Deutsch ansprechen, noch ehe Sie den Mund aufgemacht haben. Doch über die besten Deutschkenntnisse verfügen nur jene Zeitgenossen, mit denen Sie am wenigsten ins Geschäft kommen möchten: Souvenirverkäufer, fliegende Teppichhändler und jene cleveren Burschen, die sich Ihnen als Wagenwäscher, Fremdenführer, Armbanduhrexperten oder kundige Begleiter durch das Nachtleben von Marseille andienen. Aber der Architekt, der Ihnen Pläne für eine Terrasse oder eine Garage ausarbeitet,

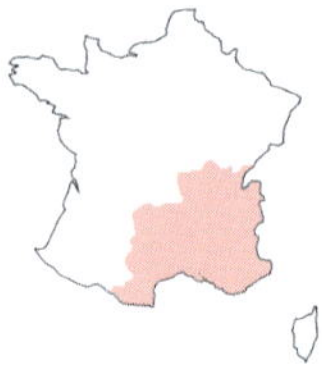

spricht selbst in den von Touristen stärker frequentierten Städten wie Aix-en-Provence oder Montpellier vermutlich nur Französisch.

Und wenn Sie dem Gespräch am Tisch nebenan ganz und gar nicht mehr folgen können, obwohl Sie seit Monaten intensiv dabei sind, Französisch zu lernen – dann wird es sich wohl um einen der zahlreichen Stadt- oder Regionaldialekte handeln, hinter dessen linguistische Geheimnisse Sie auch dann nicht kommen werden, wenn Sie zwei oder drei Jahre in der Region gelebt haben.

Sprachschulen bieten Französischkurse für Ausländer an, aber meist nur in größeren Städten. Für einen 6-Monats-Gruppenkurs für Anfänger zahlt man etwa umgerechnet 800 Mark (ca. 410 Euro). Umgangsfranzösisch für den Haus- und Nachbarschaftsgebrauch bekommen Sie aber beinahe automatisch mit, wenn Sie sich längere Zeit im Lande aufhalten, und wenn Sie sich ein wenig Mühe geben, sich mit Grammatik zu beschäftigen, werden Ihre Unterhaltungen sicher immer flüssiger. Was die korrekte Aussprache betrifft, so gibt es ja Video- und Hörkassetten, zum Beispiel von Langenscheidt oder Berlitz, die Ihre Bemühungen um das Erlernen einer Fremdsprache bestens unterstützen. Ihr Vorteil: Man muss nicht zu bestimmten, festgesetzten Zeiten außer Haus, sondern kann sich sein Lernprogramm selbst einteilen.

Das A und O ist, wie in allen Sprachen, ein guter Vokabelschatz. Vor allem wird es auf Wörter ankommen, die der Lehrplan Ihrer Abendschule vermutlich nicht zum Inhalt hat – etwa Dunstabzugshaube, Altglascontainer oder Gegensprechanlage. Umgekehrt möchten Sie gern erfahren, was ein *maison indépendante de plein pied* oder *peinture plastique antidérapante* ist. Ein umfangreiches, aktuelles Wörterbuch ist da unentbehrlich – und lässt vermutlich dennoch Fragen offen.

Auch in Frankreich werden – etwa in Anzeigen – gerne Abkürzungen verwendet. Die wichtigsten sollten Sie sich einprägen; den Sachgebieten entsprechend sind sie in den einzelnen Kapiteln dieses Buches aufgeführt und erklärt.

Der südliche Tagesrhythmus

Von Ihren früheren Frankreichreisen her wissen Sie vermutlich, dass der Tag im Süden nicht allzu früh seinen Anfang nimmt. Vor 9 Uhr erreichen Sie niemand. Ebenso wenig zwischen 12:30 und 15 Uhr. Die Mittagsruhe ist in Frankreich ein nationales Ritual; nicht einmal große Warenhäuser und Supermärkte bleiben über Mittag geöffnet. Kurz vor 12:30 ist auf den Straßen der Städte meist die Hölle los: Jeder motorisierte Franzose strebt in kürzestmöglicher Zeit dem heimischen Mittagstisch zu und versucht, jeden Tag eine neue Bestzeit aufzustellen.

Frühstück (*petit déjeuner*): Beinahe zum Vergessen – zum besonderen Leidwesen der Liebhaber eines *full breakfast* nach englischer Art. Eine staubtrockene *brioche*, ein *croissant* oder ein Stück Weißbrot, in den *café au lait* getaucht, und das war's schon: die Arbeit ruft!

Muße statt Hektik: Spaziergang in einer Kleinstadt im Lozère.

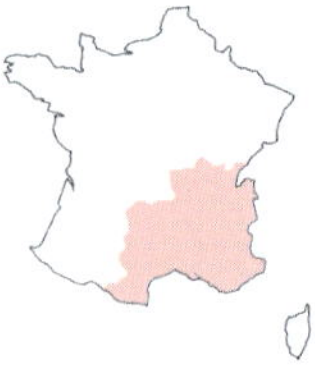

Zur Einnahme des Mittagessens (*déjeuner*) gönnt sich der Franzose vergleichsweise viel Muße. Es fällt in der Regel zwar nicht so üppig aus wie das Abendessen (*diner*), aber man lässt sich dennoch Zeit dabei, nimmt hinterher einen *café express* zu sich und ruht sich vom vormittäglichen Tagesgeschehen aus.

Es hat etwas für sich, diese Gepflogenheit anzunehmen. Die Einteilung der 24 Stunden in fünf »Zeitbereiche« ist am ganzen Land üblich, und man gewöhnt sich bald daran. So ist der Nachmittag, als dritter Zeitbereich nach dem *matin* und dem *midi*, von 15 bis 18 oder sogar 19 Uhr in allen Branchen – ob im Büro, in der Werkstatt oder im Geschäft – häufig der effizienteste.

Ab 17 Uhr heißt es zwar bereits *»bon soir«*, also »guten Abend«, doch als Feierabend – die Zeit zur Einnahme der Hauptmahlzeit und zur Entspannung – versteht man die von 19:30 bis 23 oder 24 Uhr. *La nuit*, die Nacht, ist dann noch lang genug.

Das Abendessen nimmt der Südfranzose selten vor halb acht zu sich, in vielen Restaurants – sofern es sich nicht gerade um solche in Touristenzentren handelt – beendet die Küche gegen halb elf ihre Arbeit.

Längst gibt es auch in Südfrankreich Betriebe, die ihren Arbeitsrhythmus mitteleuropäischen Standards angeglichen haben. Dort wird zeitiger angefangen, die Mittagspause kürzer gehalten und entsprechend früher Schluss gemacht. Staffel- und Gleitzeiten wirken sich bekanntlich positiv auf die Ströme des Individual- und des Kommunalverkehrs aus.

Das Wochenende gehört der Familie. Sehr zum Missfallen älterer Mitglieder der Académie Française spricht man in Frankreich vom *»weekend«*, abgekürzt WE (solche Anglizismen gibt es genug im Französischen, und es werden immer mehr, auch wenn konservative Kräfte sich dagegen sträuben und Wörter wie *fioul* statt *fuel* und *cédérom* statt CD-ROM eingeschleust haben). Der Ausflug ins Grüne, an den Strand, in die Berge oder der obligate Verwandtenbesuch setzen am Samstag und am Sonntag ganze Heerscharen in Bewegung. Aber der Sonntag ist auch Männertag: *La chasse et la pèche* (Jagen und Angeln) sind angesagt und werden sehr ernst genommen.

Soziale Kontraste

Der Lebensstandard in Südfrankreich entspricht in etwa dem unseren, die sozialen Strukturen lassen zumindest auf den ersten Blick wenig Extreme erkennen. Der so genannte Mittelstand, vertreten durch die breite Schicht jener, die über ein »mittleres Einkommen« verfügen, kennzeichnet in kleinen und großen Städten – wenn auch nicht immer auf dem Lande – das Niveau der Lebensqualität.

Arm und Reich, Wohlhabend und Mittellos akzentuieren sich in Südfrankreich nicht allzu sehr. In »feinen« Restaurants schlürft Ihr Tischnachbar, den Sie mit seiner hellblonden Begleiterin einem Aston Martin entsteigen sahen, seine Austern mit gleicher Genussfreude wie der Kellner, der sie ihm serviert, seine Suppe hinter der Küchenschwingtür.

Gleichwohl registriert man im Süden Frankreichs stärker als in anderen Regionen zwei soziale Ebenen, die ober- und unterhalb der breiten Mittelschicht ein auffallendes Kontrastprogramm darstellen. Dort, wo die sehr wohlhabenden Mitglieder der Pariser Gesellschaft ihre Winterresidenzen besitzen, die Kosmopoliten dieser Welt ihre 25-Meter-Yachten festgemacht haben und die Film-, Sport- und Geldprominenz aus aller Herren Länder die Nobelrestaurants frequentiert, berühren sich »Neureich« und »Altarm« mehr als nur peripher. Die ärmsten Habenichtse des Midi sind dunkler Hautfarbe und stammen aus afrikanischen Ländern wie Algerien, Tunesien, Marokko, Mauretanien, Senegal oder Mali, wobei nicht wenige von ihnen dem offiziellen Status nach als französische Staatsbürger gelten.

Dennoch sind die meisten der 2 Millionen Afrikaner unterprivilegiert, auf soziale Programme und andere Zuwendungen angewiesen, ständig auf der Suche nach einem Job. Den wenigsten von ihnen gelingt in Südfrankreich ein Ausbruch aus dem Kreislauf der Perspektivenlosigkeit. Bestenfalls bietet sich eine Chance zu Gelegenheitsarbeit in der Gastronomie, auf dem Bau oder im ambulanten Handel. Es wird in der Presse häufig über Integration und Toleranz geschrieben, in der Realität aber wird Wegschauen noch immer als die gängigste Art der Problembewältigung geübt.

Den aufwendigen Lebensstil, wie man ihn in den Küstenregionen und in einigen »In«-Städten beobachten kann, haben nicht die einheimischen Franzosen erfunden; sie pflegen bei aller Wertschätzung luxuriöser Attribute, die ihnen das Leben angenehm machen, eine gewisse Unauffälligkeit. In ländlichen, vom Tourismus und von den Segnungen der Geldaristokratie unberührt gebliebenen Gegenden herrscht in Sachen Lebensqualität nach wie vor die Bescheidenheit.

Der Speisezettel ist dort nicht besonders abwechslungsreich, der Morgenkaffee mit Zichorie verschnitten (Muckefuck hieß das früher bei uns), die Auswahl an Dingen des täglichen Bedarfs im Tante-Emma-Laden gering. Wenn sich der Bauer, Arbeiter oder Handwerker ein wenig Luxus erlaubt, dann beschränkt dieser sich auf die tägliche Zigaretten- und Rotweinration, die er aber gewiss nicht als Luxus bezeichnen würde: Wofür schuftet man, würden nicht einmal die Schachtel Gauloises und die zwei Glas *rouge maison* am Abend dabei 'rauskommen?

Früher als in anderen Ländern setzt sich der Franzose zur Ruhe. Pensionäre, die sich mit 50 oder 55 Jahren aufs Land zurückziehen, nehmen gern ein paar wirtschaftliche Einschränkungen in Kauf, wenn sie dafür mehr Lebensqualität genießen können. Dabei pflegt der Bezieher einer üppigen Staatspension kaum einen anderen Habitus als der Kleinrentner mit Minimalbezügen.

Die jüngere und die ältere Generation

Wie überall in Europa, liegt auch in Frankreich die Lebenserwartung heute erheblich höher als noch vor zehn oder gar zwanzig Jahren, und sie nimmt stetig zu. Das bedeutet: Es gibt immer mehr ältere Menschen. Hierdurch und durch Abwanderung der Jüngeren in die Städte liegt die durchschnittliche Altersstruktur vieler Dörfer heute zwischen 55 und 65 Jahren. Auch ein Grund, warum in abgelegenen Gegenden Wohnraum verhältnismäßig preisgünstig zu bekommen ist, während im Einzugsbereich großer Städte Grundstückspreise und Mieten langsam aber stetig steigen.

Ältere Menschen in Südfrankreich pflegen ihre Traditionen und leben ihrer Erziehung gemäß wie eh und je. Die Generation unter 30 prägt zunehmend den modernen Lebensstil Frankreichs; in ihrem Konsumverhalten, im Adaptieren von rasch wechselnden Modetrends und in einem unprätentiösen Bekenntnis zur Notwendigkeit politischer und ökonomischer Erneuerungen trägt sie zu Veränderungen bei, wie sie auch anderenorts in Europa stattfinden. Dieser Prozess vollzieht sich in Frankreich aber facettenreicher und von mehr ausformulierter Leidenschaft getragen als in manchen anderen Staaten – südlicher Mentalität entsprechend, *en fin*... Und er macht die Unterschiede zwischen Stadt und Land deutlich. Mit ihren Lebens- und Konsumgewohnheiten beginnt sich die jüngere Generation auch in kleineren Städten allmählich gewissen Vorbildern anzugleichen; auf dem Lande hingegen, in den Dörfern und auf den abgelegenen Fermen scheint in vieler (nicht in aller) Beziehung die Zeit stehen geblieben zu sein.

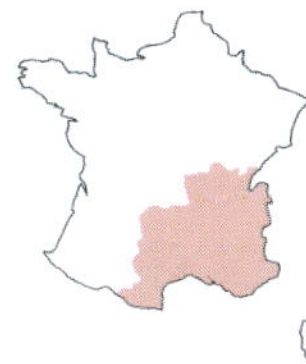

Der Umgangston der Jüngeren unterscheidet sich von dem der Älteren durchaus, wie sich allenthalben registrieren lässt. Die jüngere Generation hat – wie bei uns – auch ein ganz anderes Vokabular, mit welchem sie sich verständigt. in der Werbung, die sich etwa an 16- bis 25-Jährige richtet, kann man das gut ablesen. Noch vor wenigen Jahren hätte man zum Beispiel mit dem Wort »K7« nichts anfangen können. Aber es spricht sich wie Cassette aus und meint das auch. In einem aber sind sich Alt und Jung, sämtliche politischen Lager und Vertreter aller sozialen Schichten stets und immer einig: Sie alle sind Patrioten – Franzosen aus blau-weiß-roter Überzeugung und stolz auf die Grande Nation, die nach ihrem Verständnis in Europa eine größere Bedeutung hat als jedes andere Land zwischen Ural und Atlantik.

Mit dem Auto unterwegs

Das Straßennetz Südfrankreichs ist in einem ganz ausgezeichneten Zustand. Selbst Landstraßen (Tempolimit: generell 90, bei Regen 80 km/h) dritter Ordnung sind gut in Schuss. Mobile Instandhaltungstrupps sorgen zwar oftmals für unplanmäßige

Von den Bergen hinunter nach Fréjus: Frankreichs Straßen sind ausgezeichnet ausgeschildert.

Aufenthalte unterwegs, aber ihre Arbeit trägt zur Qualität des Straßennetzes erheblich bei. Besonderen Wert legt man auf die Pflege der Straßen im Gebirge.

Auf der berühmten *autoroute*, dem Fernverkehrs-Straßennetz durch alle Landesteile Frankreichs, sind Situationen stundenlanger Staus mit all ihren zermürbenden Begleiterscheinungen seltener als auf unseren Autobahnen. Das hat seinen Grund in der relativ geringeren Verkehrsdichte, die sich aus dem Umstand ergibt, dass die französische Autobahn bis auf wenige Streckenteile gebührenpflichtig ist. Auf der Strecke von Mulhouse nach Lyon wird für einen normalen Pkw 138 Francs kassiert, von Lyon nach Aix-en-Provence sind 111 Francs fällig. Eine Tour von Nîmes nach Cannes schlägt mit 139 Francs zu Buche.

Wer Geld sparen will, weicht auf die Nationalstraßen aus. Und das tut vor allem der Regionalverkehr. Dort, wo die *autoroute* im Einzugsbereich größerer Städte gebührenfrei zu be-

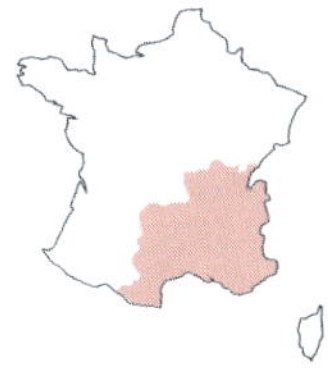

fahren ist, kommt es – vor allem morgens und abends – zu den auch bei uns so sattsam bekannten Verstopfungen und Staus, schon an den Einfahrten und Zubringerstraßen. Wo die Autobahn leer ist, halten durchaus nicht alle Franzosen die Höchstgeschwindigkeit von 130 (bei Nässe: 110) km/h ein, wird man aber mit mehr als 150 erwischt, geht's doch arg an die Brieftasche.

Viele schwach frequentierte Nebenstraßen oder Verbindungswege auf dem Lande sind nicht befestigt: Bei langer Trockenheit hält sich hier der durch Fahrzeuge aufgewirbelte Staub lange in der flimmernden Sommerluft, ehe er sich setzt, und nach heftigen Regenfällen verwandeln sich diese Wege für längere Zeit in Schlammlandschaften, die man noch am besten mit einem Allradwagen meistert.

Die Beschilderung der Straßen ist ausgezeichnet; gewöhnen muss man sich allerdings an die Beschriftung in Großbuchstaben (dazu in gesperrter Schreibweise). Und man findet nur selten Vorwegweisertafeln vor Kreuzungen. Dafür sind die in Ortschaften zahlreich angebrachten Hinweise *»Toutes Directions«* für den Durchgangsverkehr äußerst hilfreich. Weniger angenehm sind Schilder mit der Aufschrift *»deviation«*: Umleitung. Gelb markierte Bordsteine und Fahrbahnränder bzw. mit gelben Linien eingefasste Flächen bedeuten Parkverbot.

An Tankstellen herrscht kein Mangel. Die größeren Stationen haben Supermarktcharakter wie bei uns, und das Angebot der (allerdings sehr teuren) Waren, die dort feilgeboten werden, ist immens. Bei kleineren Stationen auf dem Lande bekommt man hingegen nicht einmal eine Straßenkarte oder eine Tafel Schokolade. Kleinumsätze lohnen den logistischen Aufwand nicht. Viele Tankstellen in Frankreich verfügen über Zapfsäulen, die mit Kreditkarten oder Münzgeld zu bedienen sind.

Die Kraftstoffpreise betrugen Ende des Jahres 2000 durchschnittlich 7,20 Francs (ca. 1,10 Euro) für Super und 5.30 (ca. 0,81 Euro) für Dieselsprit. An Autobahntankstellen zahlt man meist 20 Prozent mehr, während die Stationen auf den Parkplätzen der Bau- und Supermarktketten oft sehr viel günstiger sind. Achtung: Die Aussprache für Diesel lautet: Di-esel, mit

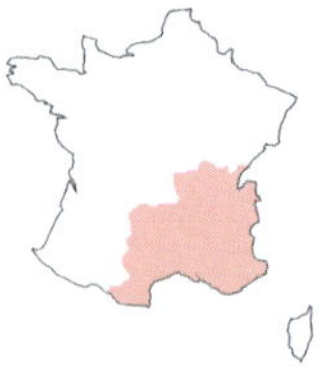

Betonung auf beiden e. Dieses Wort bezeichnet aber lediglich den Motor oder sein Arbeitsprinzip; der Dieselkraftstoff wird mit *gasoil* bezeichnet.

In den Ferienmonaten geht es auf Frankreichs Straßen aus zwei Gründen besonders hoch her: Zum einen durch das zusätzliche Fahrzeugaufkommen ausländischer Touristen (es sind jährlich mehr als 60 Millionen!) vornehmlich aus Großbritannien, USA, Belgien, Deutschland, den Niederlanden, der Schweiz und den skandinavischen Ländern, zum anderen durch den Umstand, dass gut 85 Prozent aller Franzosen ebenfalls ihren Urlaub in Frankreich verbringen. In weitaus geringerem Maße als ihre Nachbarn zieht es sie zu ausländischen Ferienzielen.

Es ist nicht ratsam, sich den Fahrstil junger Südfranzosen zu eigen zu machen. Autofahren wird von ihnen als eine täglich neue Herausforderung angesehen, die Grenzen des Möglichen, des Erlaubten, des Vernünftigen zu erforschen. Riskante Überholmanöver und zu dichtes Auffahren, Schneiden beim Einscheren, das Halten in zweiter und dritter Reihe selbst in engen Straßen sowie das Ignorieren der Rechte von Fußgängern an Zebrastreifen, das Nichtbeachten von Vorfahrts- oder Halteverbotsschildern mögen den Nordländer nerven, doch man kann lernen, sich darauf einzustellen. Die Anpassung an südfranzösische Straßenverkehrssitten erfordert bei Einhaltung einer korrekten Fahrweise eben ein gewisses Maß an Konzentration, vor allem Nachsicht und Toleranz auch dort, wo es einem nicht leicht fällt.

Schlechte Angewohnheiten – dazu gehört auch das Fahren ohne Beleuchtung noch lange nach Sonnenuntergang – werden von den Polizeibehörden streng geahndet; die Ordnungshüter postieren sich zudem gern dort, wo man sie am wenigsten erwartet. Manchmal werden mitten am Tage Atemtests durchgeführt, just vor und nicht etwa nach dem Mittagessen. Man möge das als Warnung verstehen, sich bei Tisch beim Wein zurückzuhalten. Die Promillegrenze liegt in Frankreich derzeit bei 0,5.

Sollten Sie als Fahrer eines Wagen mit ausländischem Kennzeichen einmal kontrolliert werden, kann es passieren, dass man nach der Grünen Versicherungskarte fragt. Die Automobilclubs empfehlen, diese als Nachweis einer Haftpflichtversicherung unbedingt mitzuführen.

In vielen größeren und auch mittleren Ortschaften gibt es zunehmend Parkscheinautomaten (*horodateurs*). In der Regel wollen sie mit 5 Francs pro Stunde gefüttert werden. An manchen Plätzen kann man eine Wochenkarte zu 100 Francs oder eine Monatskarte zu 300 Francs erwerben. An stark frequentieren Plätzen, etwa am Flughafen von Nizza, kassiert man das Doppelte. Ab 2002 wird natürlich Euro-Kleingeld kassiert.

Noch zwei wichtige Hinweise: Das Benutzen eines Mobiltelefons im Auto ohne Freisprecheinrichtung (*main libre*) ist in Frankreich verboten, und wie in den meisten anderen europäischen Staaten sind auch die im Fond mitfahrenden Autoinsassen anschnallpflichtig.

Sie sollten sich die Telefonnummer des Notrufs einprägen, unter der Sie Pannenhilfe herbeirufen können: Sie lautet landesweit 17. Der ADAC unterhält in Frankreich in Zusammenarbeit mit der AIT Assistance (Alliance Internationale de Tourisme) einen deutschsprachigen Notrufdienst unter der Nummer 0800 08 92 22, der ADAC selbst ist rund um Uhr in seiner Dependance in Limonest bei Lyon unter 04 72 17 12 22 erreichbar.

Bei einem Unfall: In Frankreich zugelassene Autos haben eine Plakette in der Windschutzscheibe, auf der die Haftpflichtversicherung und die Versicherungsnummer steht. Ist nur Sachschaden entstanden, erstellt die Polizei kein Protokoll. Schadensabwicklungen mit französischen Versicherungsgesellschaft pflegen sich im Übrigen sehr viel länger als in Deutschland oder in der Schweiz hinzuziehen. Die Einschaltung eines Anwalts zur Durchsetzung von Ansprüchen ist unumgänglich. Dessen Honorar geht aber in jedem Fall zu Lasten seines Mandanten, auch wenn dieser bei einem Prozess obsiegt. Der Abschluss einer Rechtsschutzversicherung ist daher sehr empfehlenswert.

ENTREE
LIBRE

3. Eine Idee erhält Konturen

In jedem Land gelten bestimmte Spielregeln für die Menschen, die dort leben. Wer als Gast im Süden Frankreichs lebt und einige dieser Regeln beherzigt, kann sie nicht zuletzt auch zu seinem eigenen Nutzen anwenden.

Fern von Autolärm und Geschäftshektik:
Die Altstadt von Roquebrune sur Argens Village;
Côte d'Azur-Provence.

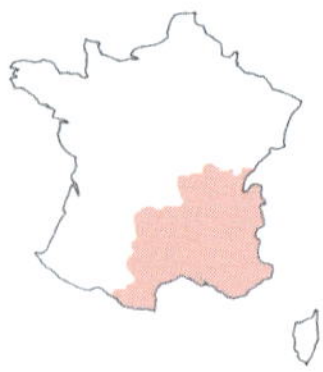

Es mag Ihnen zunächst gar nicht so wichtig erscheinen wie der Franzose seinen Alltag erlebt und bewältigt. Wenn Sie sich Ihren Traum, im Midi zu leben, eines Tages endlich erfüllen, dann ja gerade, weil Sie jeglicher Routine mit ihren Verpflichtungen und Zwängen entrinnen möchten, möglichst auch denen des Gastlandes. Warum sollten Sie sich hier von Neuem irgend welchen Regularien anpassen?

Eine solche Meinung bedarf der Korrektur. Bedenken Sie, dass Sie Ihr Leben nicht auf einer einsamen Insel verbringen werden. Ihnen fällt das Eintauchen in die neue, selbst gewählte Welt, für die sich entschieden haben, um so leichter, je besser Sie sich auf einige Gepflogenheiten vorbereiten, mit denen Sie aller Wahrscheinlichkeit nach konfrontiert werden. In jedem Land gelten bestimmte Spielregeln für die Menschen, die dort leben, und wer als Gast in Südfrankreich einige dieser Regeln beherzigt, kann sie nicht zuletzt auch zu seinem eigenen Nutzen anwenden.

Aufenthaltserlaubnis

Wenn Sie sich entschlossen haben, sich in Frankreich länger als für die Dauer von drei Monaten im Jahr aufzuhalten, benötigen Sie eine Aufenthaltserlaubnis (*permis séjour*). Zwar dürfen Sie sich als Staatsangehöriger eines Landes, das der Europäischen Union (CE = *communauté européenne*) angehört, Ihren Wohnsitz auch in einem anderem Land der Gemeinschaft frei wählen, und so könnte keine Behörde einem Deutschen den Zuzug nach Frankreich – sei er permanent oder temporär – verwehren.

Aber dennoch besteht man nicht nur etwa bei Amerikanern, Schweizern oder Japanern auf dem *permis*, auch wenn es eine Formalität darstellt (so sind halt die Spielregeln) und ein entsprechender Antrag von deutscher Seite praktisch gar nicht abgelehnt werden kann.

Rechte Seite: Zu verkaufen: An einem solchen Fleck taucht der Aussteiger in die Anonymität unter.

Einen solchen Antrag auf Aufenthaltserlaubnis formuliert man auf einem Vordruck, den man bei der Präfektur des Departements bekommt und dort nach dem Ausfüllen auch einreicht. Die Antragstellung kostet nichts und die Erteilung – da-

A VENDRE
Me PRIGENT - GUÉNEUGUÈS
NOTAIRE

zwischen liegen im normalen, nicht »beschleunigten« Falle zwei Monate – ebenso wenig.

Alle persönlichen Dokumente, etwa Geburts- und Heiratsurkunde, sollten Sie in beglaubigter französischer Übersetzung vorlegen können. Und diese Übersetzungen müssen als solche von einem französische Notar nochmals bestätigt sein. Besser ist, man verfügt über eine internationale (also mehrsprachige) Geburts- bzw. Familienstandsurkunde; man erhält sie beim heimatlichen Standesamt. Auf Französisch heißt sie *fiche indivduelle d'etat civil*, und sie wird gegen eine geringe Gebühr auch von deutschen Generalkonsulaten ausgestellt – und ausschließlich die wollen einige französische Ämter anerkennen. Dass diese konsularische Bescheinigung längst nicht mehr notwendig ist, wenn man deutscher Staatsbürger ist und über einen gültigen Pass sowie die internationale Familienstandsurkunde verfügt, erklärt ein entsprechendes Informationsblatt in französischer Sprache. Man bekommt es auf Anfrage wie auch das *fiche* beim Generalkonsulat in Marseille.

Die Erteilung einer Aufenthaltserlaubnis, die eine Gültigkeitsdauer von fünf Jahren hat, wird zwar nicht von einem Nachweis Ihrer Einkünfte abhängig gemacht, dennoch ist dieser bei Ausländern erwünscht. Auch dies geschieht natürlich nur pro forma, aber die Spielregeln sind nun einmal so. Man wird Sie fragen, woher Sie die Einkünfte zum Bestreiten Ihres Lebensunterhaltes, zur Bezahlung allfälliger Kaufraten, Pachtzinsen, Mieten beziehen, und alles genau vermerken. Unterlagen, aus denen Ihre derzeitigen und auch künftig regelmäßig zu erwartenden Einkünfte ersichtlich sind, sollten Sie also parat haben. Allerdings in amtlich beglaubigter französischer Übersetzung. Das mag mit einigem Aufwand verbunden sein, erleichtert Ihnen letzten Endes aber den Weg durch die Instanzen ganz erheblich. Man wird Sie später aller Wahrscheinlichkeit nach nie mehr danach fragen, woher das Geld für Ihre Einkäufe kommt, und die Frage nach einer Ihnen erteilten Aufenthaltsgenehmigung könnte allenfalls dann eine Relevanz erhalten, falls Sie sich strafbar machen sollten. Zunächst taucht Ihre Akte jedenfalls in eine Versenkung, die vermutlich erst von Archäologen eines noch weit entfernten Zeitalters wiederentdeckt werden dürfte.

Das *permis de séjour* wird übrigens von manchen Banken bei der Eröffnung eines Kontos verlangt. Auch könnte man Sie eventuell nach dem *fiche indivduelle d'etat civil* fragen.

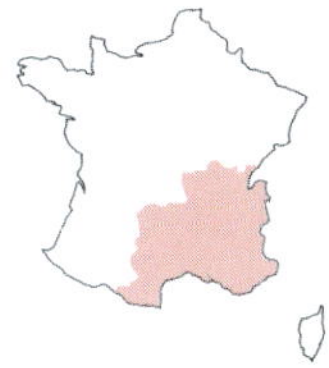

Arbeitsgenehmigung

Wie bei der Aufenthaltserlaubnis verhält es sich auch mit einer ebenfalls nicht mehr erforderlichen Arbeitsgenehmigung. EU-Bürger können in allen Mitgliedstaaten, somit auch in Frankreich, ohne weiteres bezahlte Tätigkeiten ausüben, sei es im Angestelltenverhältnis oder freiberuflich – Hauptsache, der Fiskus bekommt aus den Einkünften den ihm daraus zustehenden Steueranteil.

Dieser ist, wie auch die Höhe der Sozialabgaben, von Land zu Land unterschiedlich und orientiert sich an diversen Kriterien wie zum Beispiel Familienstand und Einkommenshöhe. In jedem Fall steht es Ihnen frei, sich auch in Frankreich als Lohn- oder Gehaltsempfänger Ihr Geld zu verdienen und als Saisonkellner(in), Friseur(in), Zahnarzthelfer(in), Ski- oder Deutschlehrer(in) zu verdingen, als Matrose auf einem Ausflugsschiff anzuheuern oder in einer Computerfirma den Posten des Chefprogrammierers anzunehmen.

Wichtig im Zusammenhang mit der Frage nach der Ausübung einer bezahlten Tätigkeit als Arbeitnehmer ist zu wissen, dass die Staaten des Europäischen Wirtschaftsraums (EWR), zu denen Deutschland und Frankreich ja gehören, ein Sozialversicherungsabkommen geschlossen haben. Nach diesem bleiben Sie kraft Gesetz in der Angestelltenversicherung (AV) pflichtversichert, wenn Sie im Auftrage Ihrer Firma, bei der Sie angestellt sind, für einen Zeitraum von nicht mehr als 12 Monaten ins Ausland entsendet werden und dort keinen anderen Kollegen ablösen, für den die Entsendezeit abgelaufen ist. In allen anderen Fällen, in denen Sie entweder einen Kollegen in derselben Position ablösen, mit Ihrem deutschen Arbeitgeber einen Auslandsvertrag von mehr als 12 Monaten vereinbart haben oder bei einem Unternehmen, das seinen Firmensitz in Frankreich hat, angestellt sind oder werden, setzt die Pflichtversicherung seitens der AV aus. Ersatzweise kommt eine frei-

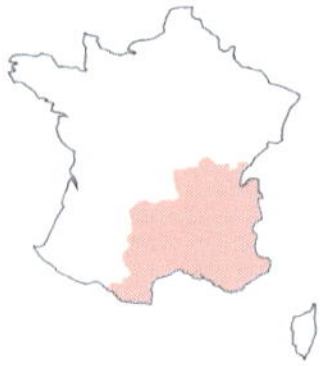

willige Versicherung in Betracht oder eine Pflichtversicherung in Frankreich.

Informationen zu diesen Fragen erteilen der Bund der Auslandserwerbstätigen (BDAE), die Deutsche Verbindungsstelle für Krankenversicherung im Ausland (DVKA) sowie der Verband der Privat-Krankenversicherungen (PKV), der Adressen von privaten Auslands-Krankenversicherungen nennt. Die Anschriften finden Sie im Anhang dieses Buches.

Selbstständige und freiberufliche Tätigkeit

Sollten Sie zu Ihrem Lebensunterhalt im Gastland Frankreich eine gewerbliche Arbeit ausüben oder als freiberuflich Tätiger dort Einkünfte haben, werden Sie nicht nur einkommen- und umsatzsteuerpflichtig (siehe nachfolgende Ausführungen), sondern müssen – wie in Deutschland – gewissen Formalitäten nachkommen.

Grundsätzlich haben Sie in jedem Land der Europäischen Union das Recht, ein Gewerbe auszuüben. In dieser Beziehung sind Sie jedem französischen Staatsbürger gleichgestellt, ganz gleich, ob Sie einen Tischlereibetrieb aufmachen wollen oder Ihr Geld als ambulanter Strandfotograf verdienen möchten. Sie können ein Architekturbüro eröffnen, als Immobilienmakler tätig werden, eine Boutique aufmachen, einer alten Keramikwerkstätte zu neuen Umsätzen verhelfen – oder eine Betätigung im Weinbau zu Ihrem zweiten Berufsweg erklären.

Solange Sie den Weinbau, um bei diesem Beispiel zu bleiben, allein und für sich selbst sozusagen als Hobby betreiben, also keinen Gewerbebetrieb daraus machen, ist das eine Privatangelegenheit. Anders ist es, wenn Sie hierfür bezahlte Kräfte engagieren, wobei unterstellt sei, dass diese nicht »schwarz« arbeiten. Die Eröffnung eines gewerblichen Betriebes bedingt, dass man hierfür einen Antrag bei der Handelskammer der Region stellt, um eine Lizenz (Gewerbeschein) zu bekommen. Es wird der Nachweis einer kaufmännischen Ausbildung oder – bei Handwerkern – einer beruflichen Qualifikation, z. B. Meisterbrief, verlangt. Natürlich mit beglaubigter Übersetzung ins Französische. Es gibt auch die Möglichkeit, einen Kurs mit Abschlussprüfung zu belegen, um dadurch einen Qualifikationsnachweis zu erbringen.

Da es aber stets auf den Einzelfall ankommt, ist es zweckmäßig, sich wegen verbindlicher Auskünfte an die zuständige Handelskammer zu wenden.

Alles eine Frage der Finanzen: Kleines Schloss in Hérault. In dieser Region bemisst sich der Besitz nach Quadratkilometern!

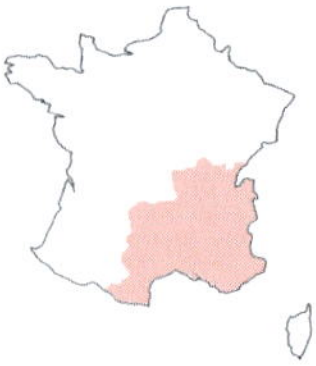

Willkommen als Steuerzahler in Frankreich!

Verbringen Sie mehr als 183 Tage im Jahr in Ihrem Domizil in Frankreich, sind Sie dort in jedem Fall uneingeschränkt einkommensteuerpflichtig. Eine Erklärung müssen Sie als Immobilienbesitzer – ungeachtet Ihrer Einkünfte – selbst dann abgeben, wenn Sie sich an Ihren französischen Wohnsitz über einen kürzeren Zeitraum im Jahr (auch in der Summe mehrerer Besuche) aufhalten – oder auch gar nicht. Die Steuererklärung, die jeweils bis zum 31. Juli über das zurückliegende Kalenderjahr abgegeben werden muss, kann kein Nichtfranzose ohne professionelle Hilfe ausfüllen: Hier hilft der Steuerberater.

Der Einkommensteuer-Mindestsatz wurde in Frankreich im Juni des Jahres 2000 von 10,5 auf 9,5 Prozent gesenkt. Das wird Sie vermutlich nicht tangieren, so lange Sie keine Einkünfte haben, die in Frankreich zu versteuern wären. Wenn Sie aber Ihren Hauptwohnsitz nach Frankreich verlegt haben, sind Sie dort auch voll dem Fiskus verpflichtet und müssen Ihre jährliche Erklärung einreichen, ganz gleich, woher Sie Einkünfte beziehen und was für einen Pass Sie besitzen. Wenn Sie mit Ihrem Ehegatten gemeinsam veranlagt werden wollen, ist die Vorlage des weiter vorn bereits erwähnten *fiche indivduelle d'etat civil* notwendig.

Details zum Thema Einkommensteuer würden den Rahmen dieses Buches sprengen, ebenso über Umsatz- bzw. Mehrwertsteuer bei Aufnahme einer gewerblichen Tätigkeit. In diesem Falle ist die Inanspruchnahme eines einheimischen Steuerberaters ohnehin unerlässlich. Die Experten der Branche lassen sich gut bezahlen – wobei ihre Dienste auch ein hohes Honorar allemal wert sind.

Was Sie über Grundsteuern und über andere Verpflichtungen gegenüber dem Fiskus aus Immobilienkauf und -besitz wissen müssen, erfahren Sie in einem der nachstehenden Kapitel.

Wofür sich das Finanzamt zu Hause interessiert

Wenn Sie als Ausländer nur privat in Frankreich wohnen und Ihre Einkünfte außerhalb Frankreichs – aus freiberuflicher oder selbstständiger Tätigkeit (zum Beispiel als Schriftsteller, Erfinder, Wissenschaftler), als Rentner, Pensionär oder als Nutznießer eines gut angelegten Vermögens – beziehen und außerhalb Frankreichs weiterhin Ihren Hauptwohnsitz beibehalten, ändert sich für Sie an ihrer bisherigen Steuerpflicht im Heimatland nichts.

Als Hauptwohnsitz gilt der Platz, an welchem Sie sich mehr als sechs Monate – genau: mindestens 183 Tage – im Jahr aufhalten. Wer sich als Deutscher also weniger als 183 Tage im Jahr in Frankreich aufhält, besitzt – so darf unterstellt werden – nach wie vor in Deutschland seinen Hauptwohnsitz und bleibt demnach in Deutschland ungeachtet seiner Staatsangehörigkeit uneingeschränkt einkommensteuerpflichtig. Für österreichische und Schweizer Staatsbürger gilt das Gleiche.

Einen Wohnsitz hat nach § 8 der deutschen Abgabenordnung (AO) jemand dort, wo er eine Wohnung unter Umständen inne hat, die darauf schließen lassen, dass er sie behält und benutzt, egal wie oft und wie lange. Vom »gewöhnlichen Aufenthalt« spricht das Finanzamt unter Bezugnahme auf § 9 AO, wenn sich jemand dort unter Umständen aufhält, die erkennen lassen, dass er an diesem Ort oder in dem Gebiet nicht nur vorübergehend verweilt. Und ein zeitlich zusammenhängender Aufenthalt von mehr als sechs Monaten Dauer ist eben ein solcher »gewöhnlicher Aufenthalt«.

Die unbegrenzte Steuerpflicht für Personen, die ihren Wohnsitz oder gewöhnlichen Aufenthalt also im Inland (in unserem Beispielsfall Deutschland) beibehalten, erstreckt sich auch auf sämtliche Einkünfte, die aus dem Ausland stammen, etwa in Form von Mieteinnahmen aus einer Wohnung, aus Verpachtung oder auch aus Kapitalverzinsung. Dieses Prinzip der »Weltbesteuerung« erfährt durch zwischenstaatliche Abkommen, die eine doppelte Steuerbelastung verhindern sollen, jedoch Einschränkungen.

Danach sind natürliche Personen, die im Inland weder Wohnsitz noch den gewöhnlichen Aufenthalt haben, gleichwohl dort Einkünfte beziehen, dort auch »beschränkt steuerpflichtig«. Das heißt, sie unterliegen der Einkommensteuer nur mit ihren inländischen Einkünften (§ 49 des EStG). Das deutsche Finanzamt erkennt einen Wohnsitz im Ausland als solchen an, wenn alle Umstände darauf schließen lassen, dass der Steuerpflichtige dort auch tatsächlich wohnt (und nicht nur eine Briefkastenadresse unterhält), wie weiter oben dargelegt.

Wohin Renten oder Pensionen, Tantiemen, Mieteinkünfte oder Honorare aus freiberuflicher Tätigkeit überwiesen werden, ist für die Beurteilung der Steuerpflicht durch das heimatliche Finanzamt unerheblich.

Sie werden nicht zweimal zur Kasse gebeten

Falls Sie in Deutschland nach wie vor Ihren Hauptwohnsitz haben und Einkünfte aus Vermögen oder Erwerbstätigkeit in Frankreich beziehen, interessiert sich dafür nicht nur der dortige Fiskus, sondern auch der deutsche. Allerdings gibt es mit fast allen europäischen Staaten Abkommen, die eine Doppelbesteuerung ausschließen sollen, sodass Sie für eine Steuerschuld nicht zweimal zur Kasse gebeten werden. Unter Bezug auf dieses Abkommen (kurz DBA genannt) sind die französischen Finanzbehörden zwar berechtigt, von Ihnen Steuern auf Einkünfte zu erheben, zu denen beispielsweise auch Einnahmen aus der Vermietung Ihres Hauses zählen, doch darf das deutsche Finanzamt diese Einkünfte dann aber nicht zur Bemessung der von Ihnen in Deutschland zu zahlenden Einkommensteuer hinzuziehen. Es gewährt Ihnen auf den DBA-Antrag hin diesbezüglich eine »Freistellung«.

Unterscheiden muss man allerdings zwischen dem Steuersatz, der für die Berechnung einer Steuer angewendet wird, und den Steuern, die de facto zu zahlen sind. Für Einkünfte aus Immobilienbesitz in Frankreich bedeutet dies, dass man für diese in Deutschland nach dem DBA zwar keine Steuern zu zahlen hat, aber zur Ermittlung des Steuersatzes werden sie Ihren

Gesamteinkünften dennoch zugerechnet. Unerheblich ist dies nur für den, der in Deutschland ohnedies zu den Spitzenverdienern gehört und mit dem höchsten Steuersatz veranlagt wird.

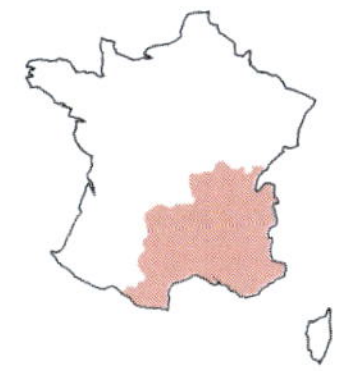

Behördenapparat: die französische Variante

Ganz gleich, in welcher Angelegenheit Sie mit einer Behörde in Frankreich zu tun bekommen: Machen Sie sich mit dem Gedanken vertraut, dass Sie einige Geduld aufbringen müssen, wenn Ihre Angelegenheit einen für Sie effektvollen Verlauf nehmen soll.

Die Bürokratie erfunden zu haben, kann kein Land dieser Welt für sich allein beanspruchen. Aber die Franzosen haben – wie übrigens auch die Italiener – bemerkenswerte Varianten zu diesem Thema zu bieten. Der französische Bürger ist vermutlich der best verwaltete in Europa, für sämtliche Lebensbereiche gibt es Reglements. Nur hält sich offenbar niemand an sie, und gerade das macht es dem Zugereisten schwer, sich durch die Strukturen der Bürokratie zu lavieren.

Während die Bürokratie Deutschlands etwa ihren spezifischen Ausdruck darin findet, dass sie besonders papierintensiv ist, so ist ihr französisches Gegenstück äußerst zeitintensiv. Vereinfacht ausgedrückt: Bei uns beschäftigt sich ein einzelner Beamter z. B. über einen Zeitraum von X Stunden mit sechs verschiedenen Formularen, die in einer bestimmten Angelegenheit auszufüllen und einzureichen sind, während in Frankreich für die Bearbeitung eines vergleichbaren Vorgangs vielleicht nur vier Formblätter erforderlich sind, deren Bearbeitung aber dreimal so viel Zeit in Anspruch nimmt.

Man könnte annehmen, die Bürokratie Frankreichs diene weniger dem Anliegen des Bürgers als vielmehr der Beschäftigung staatlicher und kommunaler Verwaltungsorgane über möglichst lange Zeiträume. Gesetze, Vorordnungen und Bestimmungen, deren Anwendung selbst den dafür zuständigen Beamten nicht immer ganz klar ist (was diese natürlich niemals zugeben würden), sind für viele Franzosen einzig dazu dar,

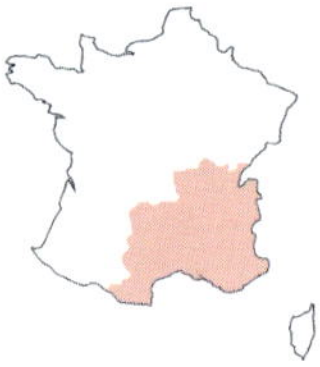

ignoriert, umgangen oder möglichst individuell interpretiert zu werden – für Ausländer hingegen sieht das meist anders aus. In Erkenntnis dieser Tatsache lohnt es sich, Behördensachen an einen einheimischen Steuerberater oder Anwalt zu delegieren.

Kurz: In Südfrankreich mahlen die bürokratischen Mühlen ein wenig langsamer als anderswo. Es bedarf kundiger Führung durch den Verwaltungsapparat. Ist man – durch welche Umstände auch immer – erst einmal in dessen Räderwerk hineingeraten, darf man sich auch künftig vermehrter Aufmerksamkeit seitens seiner Organe erfreuen. Eine alte Redensart aus dem Militär findet hier seine Anwendung: Bloß nicht auffallen!

Insider kennen den einen oder anderen Weg, einen durch umständliches, bürokratisches Procedere zur Langsamkeit prädestinierten Vorgang ein wenig zu beschleunigen. Wie das zu bewerkstelligen ist, werden Sie als Fremder nicht so ohne weiteres herausbekommen. Nur Eingeweihte – die erwähnten kundigen Führer durch den Dschungel der Bürokratie und der Gesetzeswelt – kennen sich da aus.

In kleineren Gemeinden trabt der Amtsschimmel etwas gemächlicher als in der Stadt. Vor allem im Süden bedeutet dies, dass manche behördlichen Vorgänge sehr viel Zeit brauchen, ehe ihre Bearbeitung abgeschlossen ist. Auf Terminzusagen lässt sich niemand ein. Andererseits: Je kleiner die Gemeinde ist, desto größer die Chance, dass jemand jemanden kennt, der mit jemandem verwandt ist, der wiederum jemanden kennt oder mit ihm verwandt oder zumindest gut befreundet ist und der sich, wenn man seine Bemühungen angemessen zu honorieren bereit ist, für diese oder jene Sache einsetzen könnte. Nicht immer unmittelbar, und auch nicht gleich morgen früh – und überhaupt sollte man erst einmal in Ruhe ein Glas trinken und über die Chancen der lokalen Radrenn-Matadore bei der Tour de France diskutieren.

Aber geben Sie sich keinen falschen Vorstellungen hin: Mit der Legalität nicht zu vereinbarende Anliegen lassen sich in Frankreich ebenso wenig wie bei uns durch »gute Beziehungen« durchdrücken (zumindest nicht auf der Ebene, auf der wir uns mit unseren Geschäften bewegen, notabene). Und wenn es jemand dennoch schafft, ist das Risiko umso größer, bei einer

Aufdeckung hart bestraft zu werden. Wo sich die französische Justiz einschaltet, greift sie auch glashart durch. Zumindest in jenen Instanzen, die dem »kleinen Mann« das Leben sauer machen können.

In einigen Städten haben Sie an jenem Gebäude, das Sie als Rathaus bezeichnen würden, an der Fassade die Worte *Hôtel de Ville* gelesen, in anderen Orten, meist kleineren: *Mairie*. Worin liegt der Unterschied? Nun, praktisch gibt es keinen. *Mairie* könnte man mit Bürgermeisteramt übersetzen (*le maire* ist der Bürgermeister), während das »Stadthotel« – in welchem Sie natürlich kein Zimmer mieten können – meist noch einige weitere Behörden beherbergt.

Das *Hôtel de Ville* ist kein Hotel, sondern das Rathaus. In kleineren Orten heißt es *Mairie*.

4. Suche nach dem idealen Domizil

Die Auswahl an interessanten Objekten ist in Südfrankreich enorm. Doch wo Sie die meisten Schilder »á vendre« *oder* »á louer« *entdecken, mag das Angebot zwar groß sein – dies bedeutet aber nicht unbedingt, dass dort die Grundstückspreise niedriger wären: Auf die Gegend kommt es an.*

Leben, wo andere nur ein paar Tage Urlaub machen: Zum Beispiel in dem romantischen Dorf Lagrasse im Languedoc.

Eine feste Reihenfolge, in welcher Weise sich die Mosaiksteinchen nach und nach zu einem Bild Ihrer Vorstellung zusammenfügen, dem man so gern den Titel: »So führe ich ein glückliches und sorgenfreies Leben in Frankreich«, geben möchte – existiert nicht. Wohl aber einige Muster, die nachfolgend kurz umrissen sind und Ihnen als Orientierung für eine Vorgehensweise dienen können.

Leben im Süden – gelegentlich oder auf Dauer?

Stellen Sie sich zunächst die Frage, ob Sie Ihr Wunschdomizil im Süden jedes Wochenende, sechs- bis acht Mal im Jahr oder nur für die Dauer Ihres Jahresurlaubs aufsuchen möchten – oder ob Sie beabsichtigen, dort auf Dauer (fiskalisch betrachtet: mehr als sechs Monate im Jahr) zu wohnen. Vielleicht als freiberuflich Tätiger oder zu einem Zeitpunkt, von dem an die

Einfamilienhaus in den französischen Seealpen. Meist werden solche Anwesen von ihren Besitzern nur am Wochenende aufgesucht.

tägliche Anwesenheit in Ihrem Geschäft nicht mehr unabdingbar ist oder Sie das Rentenalter erreicht haben, das es Ihnen gestattet, sich den nachfolgenden Lebensabschnitt neu zu gestalten.

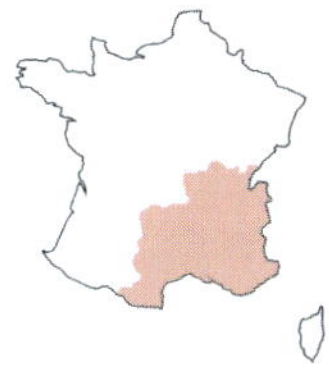

Ganz entscheidend ist auch, ob Sie allein leben oder in einer Partnerschaft. Nach diesen Kriterien richten sich zwar weniger die Standortfrage und die Notwendigkeit bzw. die Entbehrlichkeit einer günstigen Verkehrsanbindung oder die der lokalen Infrastruktur, in jedem Fall aber sind sie ausschlaggebend für die Dimension, für die Art und die Beschaffenheit des Objekts, das für die Einrichtung eines Domizils in Frankreich überhaupt infrage kommt.

Küste oder Binnenland?

Nach einigen Reisen nach und in Südfrankreich stellt sich Ihnen jene grundsätzliche Frage, die so schwer zu beantworten

Attraktive Lage – aber ein solcher Blick auf den Golfe du Lion kostet Aufschlag.

Auch das ist Südfrankreich: Les Alpes Maritimes bei Gap.

ist: Wo gefällt es mir am besten, in welcher Region könnte ich mich auf Dauer besonders wohl fühlen? Wo geht es mir gesundheitlich besser: In den Bergen oder an der Meeresluft?

Jede Region kann für den, der sie aus bestimmten Gründen liebt, die »schönste« sein. Die Landschaftsbilder Südfrankreichs weichen stark von einander ab; die romantische Bergwelt der Savoyen und der Region Rhône-Alpes bieten ganz andere Reize als die sanft hügelige Gegend im Tarn; an der Rhônemündung weht ein anderer Wind als an den Ausläufern der Pyrenäen. Jeder Mensch empfindet zudem mehr oder weniger nuanciert andere Sinneswahrnehmungen – sei es in Bezug auf

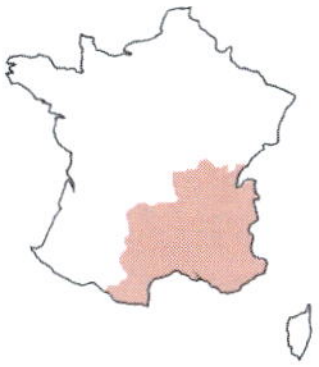

das Licht und den Duft einer Landschaft, auf meteorologische Phänomene zwischen Himmel und Erde oder auf das Verhalten der Menschen, denen er begegnet. Was dem einen als aufdringlich erscheint, schätzt der andere als willkommene Gelegenheit zur Kommunikation. Wer das Aroma einer Knoblauchzehe nicht mag, hat andererseits vielleicht eine Vorliebe für stark gesalzenen und intensiv nach Meerwasser duftenden *loup de mer* – und umgekehrt schüttelt es den Knofel-Fan möglicherweise schon beim Gedanken an Fisch. Genauso verhält es sich mit allen anderen Vorlieben. »Für mich kommt nur ein Apartment in Juan les Pins oder im Lubéron infrage« – nun, wer so spricht, muss es sich auch leisten können. Auch der Freund eines zurückgezogenen Daseins, das er lieber auf einem alten Bauernhof am Oberlauf der Dordogne verbringt (und der zumindest dort noch für weniger als umgerechnet 100.000 Mark zu finden ist), verzichtet sicher gern auf Smalltalk auf der Promenade des Anglais und den allabendlichen Casinobesuch, der für andere Zeitgenossen nun einmal zu den unverzichtbaren Kicks unter südlichem Nachthimmel zählt. Gut zu wissen, dass sich die teuersten Grundstücke in St.-Jean Cap-Ferrat, Beaulieu und Villefranche befinden. Unter 4 Millionen Francs (ca. 610.000 Euro) spielt sich hier nichts ab.

In Frankreich leben rund 58 Millionen Menschen; 6,3 Prozent davon sind Ausländer. 80 Prozent der Franzosen sind katholischen Glaubens. Das Land ist mit einer Flächenausdehnung von 543.965 Quadratkilometern um die Hälfte größer als Deutschland und erstreckt sich vom nördlichsten bis zum südlichsten Punkt über gut 1000 Kilometer und etwa zehn Breitengrade.

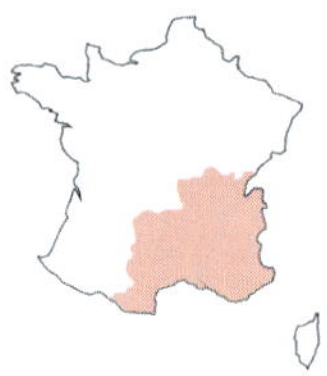

Die Unterschiedlichkeit der Regionen, ihre Besonderheiten und Reize beschreiben gute Reiseführer ausführlich genug. Aus diesem Grunde, und auch, weil Sie vermutlich »Ihr« Frankreich längst erkundet und landschaftliche Präferenzen gesetzt haben, muss hier nicht auf Einzelheiten der Departements des Midi näher eingegangen werden.

French Connection

Wenn Sie nicht während längerer Zeiträume in Südfrankreich leben, sondern Ihr dortiges Domizil in mehr oder weniger kurzen Abständen aufsuchen, stellen Hin- und Rückfahrtdauer wichtige Zeitfaktoren dar. Es ist für Sie wichtig, auf welchen Wegen Sie Ihr Domizil nicht nur am schnellsten, sondern auch bequemsten ansteuern können. Spielt ein zusätzlicher An- oder Rückfahrtstag keine Rolle, dann kommt auch eine etwas abgelegenere Region (die in vieler Hinsicht von besonderem Reiz sein kann) in Betracht, ebenso für den Fall, dass Sie sich permanent dort aufhalten möchten oder dies zumindest von einen absehbaren Zeitpunkt an in Erwägung ziehen.

Bei häufigen Kurzurlauben wollen Sie nicht allzu viel Zeit auf der viel befahrenen N7 oder auf verschlungenen Provinzstraßen zubringen. Sie möchten Ihr Domizil möglichst in wenigen Stunden erreichen; in diesem Fall wird die Nähe einer Autobahn oder eines Flughafens wichtig sein.

Andere Faktoren, die bei der Wahl Ihres Traumobjekts eine entscheidende Rolle spielen, betreffen das landschaftliche Umfeld, Klimaverhältnisse, vielleicht bereits bestehende Freundschaften, die Sie nachbarlich weiterhin pflegen möchten, die Infrastruktur der Region, vor allem aber wohl auch die Lage auf dem Immobiliensektor. Deshalb sei auf diesen Aspekt nachfolgend besonders ausführlich eingegangen.

Immobilienpreise in Südfrankreich

Von entscheidender Bedeutung für die Standortbestimmung Ihres künftigen Domizils in Südfrankreich ist die Situation auf den Grundstücksmärkten. Die Auswahl an interessanten Objekten ist immens. Doch – wie bereits gesagt – wo Sie die meisten Schilder *»á vendre«* oder *»á louer«* entdecken, mag das Angebot zwar groß sein – dies bedeutet aber nicht unbedingt, dass dort die Grundstückspreise niedriger wären. Auf die Gegend kommt es an.

Der Grundstücksmarkt befindet sich zwar permanent in Bewegung, doch zu Ihrer Orientierung seien nachfolgend ein paar konkrete Beispiele (Stand Jahresende 2000) genannt, die als preisliche Anhaltspunkte für eine Budgetplanung dienen mögen. Es ist eine Auswahl von mehr der weniger »normalen« Objekten – ohne Märchenschlösser, die auf Privatinseln stehen und Prinzen aus dem Morgenland vorbehalten bleiben sollen. Denn dass Sie für 10 oder auch 20 Millionen Francs eine hübsche Villa aus der Belle Epoque in Cap Ferrat oder Antibes bekommen, bedarf sicher keiner Erwähnung.

Kleines Landgut in der Nähe von Sisteron.

Rhône-Alpes

■ St. Etienne du Bois (Ain): *Ehemalige Mühle* aus dem Jahre 1884, 740 qm Grundfläche, 180 qm Wohnraum, weiter ausbaubar, 1,3 ha Land. 1.600.000 F (ca. 244.000 Euro).

■ St. Remèze (Ardèche): *Altes Dorfhaus* von 1844 aus Feldsteinen, antik möbliert, 180 qm Wohnfläche, sehr viele Nebenräume, kleiner Garten. 900.000 F (ca. 137.160 Euro).

■ Crest (Drôme): Großes, geschlossenes *Gehöft* aus dem Jahre 1700 in landschaftlich reizvoller Lage (Weitblick), 180 qm Wohnfläche, 2 ha Grund. 1.400.000 F (ca. 213.360 Euro).

■ Montvalzan (Savoie): *Kleine Villa* Baujahr 1884 nahe Wintersportzentrum, 164 qm Wohnfläche, Garten, Renovierungsobjekt. 380.000 F (ca. 58.000 Euro).

■ Voiron (Isère): 1983 gebautes *Landhaus* mit 300 qm Wohnfläche und 3100 qm Grund, jeder techn. Komfort, gepflegter Garten. 2.200.000 F (ca. 335.300 Euro)

■ Montagny (Rhône): Versteckt gelegenes, *altes Bauernhaus.* 6 Zimmer, Kamin, Gasheizung installiert, unterkellert, teilweise Restaurierung erforderlich. 1600 qm Obstgarten, Stall, Schuppen und Nebengelass, unbefestigte Zufahrt. 1.580.000 F (ca. 240.800 Euro).

Für die Ewigkeit gebaut: Natursteinhaus in Ruoms an der Ardèche.

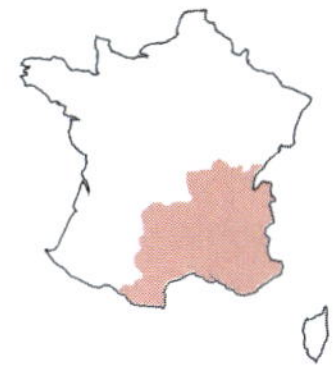

Südliche Auvergne

■ Fontanes (Lozère): *1-Zimmer-Apartment*, eingerichtete Küche. Miete 2300 F (ca. 350 Euro) monatlich einschl. Nebenkosten und Heizung.

■ Langeac (Haute-Loire): Kleines *steinernes Bauernhaus* Baujahr 1890, 139 qm, Ausbau erforderlich, an Forellenbach gelegen. 60.000 F (ca. 9145 Euro).

■ Junhac (Cantal): Kleines *altes Stadthaus* von 1853 mit 52 qm Wohnfläche, Gasheizung. 70.000 F (a, 10.670 Euro).

■ St. Paulien (Haute-Loire): *Renoviertes Bauernhaus* von 1850 auf 750 qm Grund mit 130 qm Wohnfläche, restaurierungsbedürftigem Nebenhaus, Garten mit altem Obstbaumbestand. 850.000 F (ca. 129.540 Euro).

Midi-Pyrenées

■ La Salvetat Peyrales (Aveyron): *Grundstück* 5720 qm vor den Toren einer Kleinstadt, bebaubar, 17.50 F per qm = 100.000 F (ca. 15.250 Euro)

■ Mazamet (Tarn): 1930 gebautes *Chalet in einem Park am See*, sehr ruhige Gegend, 60 qm Wohnfläche, 1500 qm Grund. 280.000 F (ca. 42.600 Euro).

■ St. Amans Valtoret (Tarn): *Ehemalige Kirche* von 1830, vor 100 Jahren zu Wohnzwecken umgebaut, vielseitig nutzbar, 290 qm Wohn-/Nutzfläche, 930 qm Grund. 540.000 F (ca. 82.300 Euro).

Languedoc-Roussillon

■ St. Cyprien Plage (Pyrenées-Orientales): Modernes *Apartment mit Blick aufs Meer*, komplett ausgestattet, 31 qm, Loggia, Parkplatz. 250.000 F (ca. 38.100 Euro).

■ Argele-sur-Mer (Pyrenées-Orientales): 840 qm erschlossenes *Bauland für Einfamilienhaus*, 1000 m vom Meer, ruhige Wohngegend. 547 F pro qm = 460.000 F (ca. 70.100 Euro).

■ Lezignan Corbières (Aude): *Altes Herrenhaus* von 1839 mit 20 Räumen und viel Nebengelass, 900 qm Wohnfläche, 1500 qm Grund, mit allen Installationen der Neuzeit, auch gewerblich nutzbar. 1.200.000 F (ca. 182.900 Euro).

■ Bordezac (Gard): Romantisch gelegenes *Landhaus* aus Feldstein im Stil der Cevennen, Baujahr 1870, restaurierungs-

An den Ausläufern der Cevennen sind die Grundstückspreise noch günstig.

bedürftig, 70 qm Wohnfläche in zwei Geschossen, 1,2 ha Obstgarten, unbefestigte Zufahrt. 570.000 F (ca. 86.800 Euro).

■ Ste. Croix de Quintillargues (Hérault): Geräumige, landschaftlich schön gelegene *7-Zimmer-Villa* in Kleinstadtnähe mit Pool und 2 Garagen, 1890 qm Grund, Baujahr 1970. 2.670.000 F (ca. 407.000 Euro).

Provence / Côte d'Azur

■ Thorame-Haute (Alpes de Haute-Provence): Komfortables *Zweifamilien-Chalet* mit drei Einlieger/Ferien-Apartments in den provençalischen Alpen, 1982 gebaut, 8150 qm Grund, zur Hälfte als Garten angelegt. Wintersportmöglichkeiten. 3.400.00 F (ca. 518.300 Euro)

■ Cannes (Alpes Maritimes): *Herrschaftliche Villa* in Bestlage oberhalb Cannes mit Blick über die Stadt und aufs Meer, Baujahr 1926, 10 Zimmer, 250 qm Wohnfläche, 1980 qm Grund mit altem Baumbestand. 3.000.000 F (ca. 457.300 Euro).

■ Greasque (Bouche-du-Rhône): 1989 gebaute *5-Zimmer-Villa* mit viel Komfort, 98 qm Wohnfläche, 380 qm Garten, Garage, großer Pool, Stadtnähe. 950.000 F (ca. 144.800 Euro).

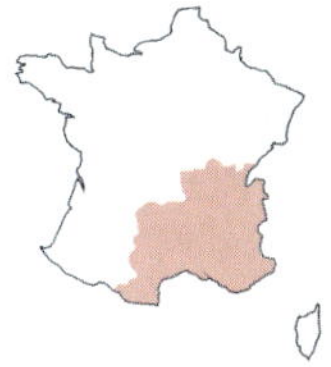

■ Fabregas Les Sablettes (Var): *Kleines Steinhaus* direkt an einer versteckten Felsenbucht am Meer, terrassiertes Grundstück 200 qm, Parkplatz. 3.500.00 F (ca. 533.500 Euro).

■ Draguignan (Var): Abgelegene, *ehemalige Schäferei*, gebaut 1850, 3 Räume mit 70 qm Wohnfläche, komplett zum Wohnen ausgebaut, 1000 qm terrassierter Grund. 800.000 F (ca. 121.900 Euro).

■ Ste. Maxime (Var): *1-Zimmer-Apartment*, 24 qm, Blick auf Hafen und Meer, Terrasse, Parkplatz. 405.000 F (ca. 61.700 Euro).

■ Roquebrune (Var): Altes *mas* (altfranz.: Bauernhaus) aus Naturstein auf 6400-qm-Grundstück mit altem Baumbestand, Salon mit riesigem Kamin, 3 Schlafzimmer, 2 Bäder, Zentralheizung, Nebengebäude, großer Pool. DM 1,915 Millionen (ca. 979.120 Euro).

■ La Motte d'Aigues (Vaucluse): 1975 im Süden des Lubéron gebaute *Villa* mit Doppelgarage, 180 qm Wohnfläche, schattiger Innenhof, 5000 qm Grund, alter Baumbestand. 2.200.000 F (ca. 335.400 Euro).

■ Golf von St. Tropez (Var): *Landsitz mit provençalischer Villa* auf 20.000 qm Grund, herrlicher Blick, 5 Schlafzimmer, Salon, Bibliothek, großer Pool mit Poolhaus. DM 1,3 Millionen (ca. 664.680 Euro).

■ Grimaud am Golf von St. Tropez (VAR): Ruhig gelegene *Villa*, 160 qm, 3 Schlafzimmer, 2 Bäder, offener Kamin, sehr großes Schwimmbad, 2300 qm Grund. DM 735.000 (ca. 375.800).

Die aufgeführten Objekte wurden teils von ortsansässigen Agenturen, teils von deutschen Immobilienmaklern, teils durch Inserate in der Fachpresse wie beschrieben angeboten. Berücksichtigen Sie, dass zu den genannten Preisbeispielen Steuern, Provisionen und Nebenkosten kommen, über die Sie eines der nachfolgenden Kapitel informiert.

Irgendwann müssen Sie sich festlegen, wenn Sie es Ernst meinen mit Ihren Plänen, und nicht nur die Art des für Sie infrage kommenden Objekts, sondern auch die Region oder das Departement, die Stadt oder den Flecken Ihrer Präferenz definieren. Der finanzielle Rahmen ist es in den meisten Fällen, der

Provence-Idylle. Von einem solchen *mas* in Küstennähe träumen viele. Für rund 750.000 Mark gehört es Ihnen.

einem so manche Qual der Auswahl abnimmt, doch diese ist in jeder Preiskategorie noch immer groß genug, wie ein Blick in die periodisch erscheinenden Immobilienmagazine Frankreichs und in die *dossiers de présentation* der Makler verrät (siehe Anhang).

Gesucht, gefunden: Refugium für den Single

Legen Sie Wert auf eine Lebensführung als Single, der ein Domizil im Süden als ein stilles Refugium sucht, als einen Ort für den verdienten Urlaub? Wollen Sie hier herkommen, um ein wenig in die Anonymität einzutauchen, um nachzudenken, zu malen, zu schreiben, zu wandern, die eine oder andere Partie Golf zu spielen – einfach auszuspannen vom Trubel eines strapazenreichen Alltags? Dann werden Sie sich vermutlich für ein kleines Objekt entscheiden, das relativ wenig Wohnfläche hat. Sie brauchen kein großes Areal, dessen Pflege und Erhaltung mit viel Arbeitsaufwand verbunden ist. Ein Golfplatz mit gepflegtem Ambiente und ein gemütliches Restaurant in der Nähe Ihrer Fluchtburg sind für Sie wichtiger als ein Shopping-Center mit Erlebnispark und Kinderparadies.

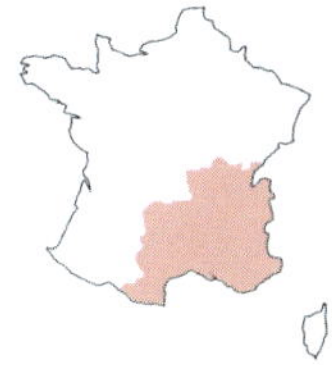

■ **Musterfall Ludwig Borghorn:** Der Historiker und Schriftsteller Ludwig Borghorn (*dieser und die nachfolgenden Namen sind frei erfunden, die Sachverhalte nicht*) aus Hamburg, seit vielen Jahren verwitwet, suchte schon immer ein warmes Plätzchen im Süden zum Überwintern. Allein stehend und ohne Verpflichtungen, die ihn lokal gebunden hätten, konnte er seine Entscheidung mehr oder weniger emotional treffen. Während einer vierwöchentlichen Reise durch die Departements Var und Vaucluse konsultierte er nicht weniger als 20 Immobilienmakler, bis er sein Idealdomizil in der Nähe von Manosque an der Durance gefunden hatte.

Es handelte sich um ein sehr kleines, aber urgemütliches Steinhaus aus dem 18. Jahrhundert inmitten eines kleinen Ortes. Es hat zwei Obergeschosse zu je 40 qm Fläche. Im Erdgeschoss befindet sich eine ehemalige Schusterwerkstatt, die fast wie ein Museum anmutet. Das Auto muss auf der Straße geparkt werden, eine Garage gibt es in der Nähe nirgends. Jeder Winkel des *maison bourg* ist voll gestopft mit Folianten, Ordnern, Archivkästen und Landkarten. *Professeur* titulieren die Nachbarn den sympathischen, grauhaarigen Herrn, der im Café Balzac im Originaltext liest. In einer winzigen Küche versorgt er sich weitgehend selbst; den Hausputz nimmt alle 14 Tage eine Studentin aus Aix-en-Provence vor, wenn sie herkommt, um ihre Eltern zu besuchen. 250 Francs und alles ist blitzblank, der Kühlschrank wieder mit dem Nötigsten gefüllt, das Bett frisch bezogen.

Borghorn hatte zwar die gesamte Wasser- und Elektroinstallation erneuern lassen müssen, ansonsten war die Substanz des Hauses, das sogar über einen Gewölbekeller verfügt, vollkommen in Ordnung. In der Nähe gibt es diverse Geschäfte, eine Wäscherei, ein paar Restaurants, eine Apotheke und ein Postamt.

Längst avancierte das Winterquartier zu Borghorns Hauptwohnsitz. »Erst im Nachhinein habe ich festgestellt, dass ich einen wesentlichen Punkt bei der Wahl meines Domizils nicht bedacht hatte«, räumt er ein: »Ich habe zu wenig Platz. Denn wenn man in Südfrankreich wohnt, melden sich plötzlich viele Besucher an, die gern mal ein paar Tage bleiben möchten. Sogar Leute, die ich jahrelang aus den Augen verloren hatte, haben meine Telefonnummer herausbekommen und kündigen unverhofft an, dass sie übermorgen hereinschauen würden, wobei sie wie selbstverständlich voraussetzen, ich könnte sie bei mir unterbringen...«

Und auf die Beherbergung von Gästen ist Herr Borghorn in keiner Weise eingerichtet. »Ich gebe mein kleines Haus bestimmt nicht für ein größeres auf, dafür habe ich es mit zu viel Liebe eingerichtet. Wenn also Gäste kommen, muss ich sie ins Hotel schicken. Das tut mir jedes Mal sehr Leid, zumal die letzte Herberge am Ort schon vor Jahren dicht gemacht hat und die nächste einige Kilometer von hier entfernt ist.«

Gemeinsamer Ausstieg mit dem Partner

Wenn Sie sich für die Zweisamkeit mit einem Partner entscheiden, gelten ganz andere Kriterien. Und vielleicht wollen Sie Ihr Domizil im Süden nicht nur mit einem Partner, sondern mit der mehrköpfigen Familie bewohnen? Dann ist möglichst viel Platz entscheidend, denn man will sich – wie ja auch im Urlaub – mal aus dem Weg gehen können. Sie benötigen also mehrere Schlafzimmer, zwei Bäder, eine größere Terrasse für gesellige Abende, ausreichend Gartenfläche, nicht zuletzt für einen Pool, sofern der noch nicht vorhanden ist. Platz für einen kleinen Pavillon sollte es ebenfalls geben, vor allem aber Stellfläche für zwei oder drei Autos.

■ **Musterfall Johannes und Sandra Niebl:** Die zufällige Bekanntschaft mit einer Architektin, die Johannes Niebl aus einer Stadt in der Nähe Münchens auf einem Wochenendflug nach Nizza kennen lernte, führte zu einer Wende in seinem Leben. Die junge Dame erwähnte beiläufig, dass sie im Auftrage eines Kunden an die Côte d'Azur flog, um ein Grundstück zu besichtigen, das jener zu kaufen beabsichtigte. Sie sollte eine attraktive Villa für das Terrain entwerfen. Kurzerhand begleitete

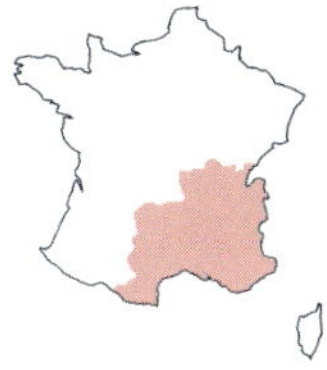

Niebl die Architektin und war nicht nur von der Lage des Grundstücks, auf welchem das Haus ihres Kunden entstehen sollte, sondern auch von der Vorstellung fasziniert, sich selbst an diesem schönen Fleck der Welt niederzulassen – und von der Architektin gleichermaßen.

Noch am selben Abend fasste Niebl, gut verdienender Automobilkaufmann und allein erziehender Vater eines zehnjährigen Jungen, zwei Entschlüsse ins Auge: Das Grundstück selbst zu erwerben, und die Architektin mit dem Entwurf eines Hauses zu beauftragen. Dass sie ihm dafür kein Honorar in Rechnung stellte, lag an der Umsetzung eines dritten, von beiden gemeinsam gefassten Entschlusses: Sie heirateten.

Das innerhalb Jahresfrist fertig gestellte Haus an einem Hang bei Valescure gelegen, oberhalb von St. Raphaël, dient den Niebls als Zweitwohnsitz mit der Perspektive als Altersdomizil. Günstige Flugverbindungen München–Nizza (plus 46 Autobahnkilometer) ermöglichen häufige Wochenendtrips; das Anwesen steht nie über längere Zeiträume leer. Niebl junior verbringt seine Ferien vom ersten bis zum letzten Tag in Valescure; er ist Mitglied in einem Club für Nachwuchssegler geworden und bedauert nur, dass die Ferien in Deutschland nicht so lange dauern wie in Frankreich.

Sandra Niebl leistet sich das Vergnügen, schon jetzt einen großen Teil ihrer Arbeit in St. Raphaël zu erledigen. Ihr Studio in München betreut ein Teilhaber. Sie hat zahlreiche weitere Kunden im Littoral akquiriert, arbeitet dort ausschließlich mit einheimischen Bauunternehmen zusammen und spricht mittlerweile fließend Französisch. »Einen schöneren Arbeitsplatz hätte ich für mich nicht finden können«, sagt sie und beeilt sich hinzuzufügen: »Natürlich bin ich meinem damaligen Auftraggeber gegenüber nicht unloyal geworden. Ich konnte ihm ein gleichwertiges Grundstück vermitteln und habe auch sein Haus entworfen. Er war sogar unser Trauzeuge...«

5. Immobilienkauf

Wie stehen die Chancen, zufällig ein verstecktes Paradies zu entdecken, hinter dessen Feldsteinmauer Sie ein historisches und obendrein bezugsfertiges Bauernhaus finden? Eine reizvolle Vorstellung, doch leider wird sie nur in Ausnahmefällen Realität.

Hinter solchen Fassaden wie bei diesem Steinhaus bei La Liquière verbergen sich manchmal kleine Wohnparadiese, von Liebhabern mit viel Sachkenntnis restauriert.

Wunsch und Wirklichkeit

Ein spannendes, wenn auch zeitaufwändiges Abenteuer ist es, selbst auf Erkundungsreise zu gehen, sich durchzufragen und – vielleicht – fündig zu werden. Natürlich könnten Sie versuchen, auf gut Glück etwa die Gegend um Carpentras, Grimaud oder Aigues Mortes zu durchstreifen, in der Erwartung, ein verstecktes Paradies zu entdecken, an dessen alter Feldsteinmauer ein Schild mit dem Hinweis *»a vendre«* steht. Doch die Chancen auf Erfolg wären gering. Es gibt Vorgehensweisen, die Sie eher ans Ziel bringen.

In aller Regel wird man entweder die Auswahl verkäuflicher Objekte eines Immobilienbüros (*agence immobiliaire*) vor Ort studieren oder von zu Hause aus mit auf Südfrankreich spezialisierten Immobilienmaklern in Kontakt treten, um Angebote einzuholen. Vielleicht haben Sie auch Freunde oder Bekannte, die in Frankreich ansässig sind und die ersten Weichen für Sie stellen.

Sich zu Hause gründlich vorzubereiten, ist sicher richtig. Doch nur an Ort und Stelle lässt sich entscheiden, ob Ihnen das ins Auge gefasste Objekt wirklich zusagt oder nicht. Beschreibungen und Fotos, und seien sie noch so verheißungsvoll, können nur zu einer ersten, unverbindlichen Orientierung dienen. Treffen Sie keine Entscheidung von zu Hause aus. Begabte Fotografen können nämlich lichtbildnerische Wunder vollbringen, um Traumvillen entstehen zu lassen! Vielleicht stammten die Fotos, deren Inhalt Sie erst beim Lokaltermin als wenig realitätsnah erkennen, auch aus früheren Jahren... Ein Auto kaufen Sie sicher auch nicht, ohne es gesehen und Probe gefahren zu haben.

Nehmen Sie sich Zeit (und wenn der gesamte Jahresurlaub draufgeht), vereinbaren Sie Ihre Besichtigungstermine in nicht zu engen Abständen und kalkulieren Sie ein, dass sich einige Exkursionen auch als Zeitverschwendung erweisen könnten.

Sie stehen eines Tages also erwartungsvoll vor einem dieser als *»belle occasion«* angepriesenen Objekte – und sind möglicherweise arg enttäuscht. Weder den Bildern noch der Beschreibung hatte man entnehmen können, dass es sich bei dem Gebäude um ein vom Unkraut beinahe zugewachsenes Haus handelt, schon vor Jahrzehnten verlassen und dementsprechend verwahrlost. Auf dem Dach fehlen Pfannen, der Kamin ist versottet, die Fensterläden sind offenbar vor langer Zeit schon woanders einer neuen Verwendung zugeführt worden. Hinter dem Haus türmen sich Plastikabfälle nachbarlicher Entsorger.

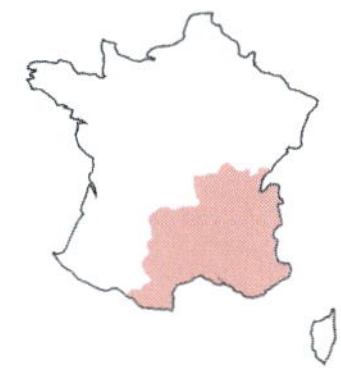

Vielleicht ist ein solches, auf den ersten Blick enttäuschendes Objekt dennoch interessant. Nicht jeder besitzt genügend Vorstellungsvermögen, um zu erkennen, dass sich ein altes, verlassenes Bauernhaus mit dicken Steinmauern und noch halbwegs intaktem Dach durchaus restaurieren lässt. Am besten fotografieren Sie das Anwesen erst einmal aus allen möglichen Blickwinkeln selbst, machen auch Innenaufnahmen (Blitz?) unter Verzicht künstlerischer Effekte. Sie sollten die Bilder – nicht unter 13 x 18 cm vergrößert – einem Architekten vorlegen, um mit ihm die Chancen einer Restaurierung zu diskutieren. Natürlich kann diese Konsultation nur einer ersten Orientierung dienen, denn ein Fachmann wird darauf bestehen, das Objekt selbst sehen und prüfen zu wollen.

Begeisterungsfähigkeit gehört natürlich schon dazu, sich auf ein »Ruinenprojekt« einzulassen, aber auch Objektivität. Wenn ein Experte nach sorgfältiger Prüfung aller Fakten abrät, sich auf Unwägbarkeiten einzulassen, die nicht zuletzt hohe finanzielle Risiken bergen, sollte man auf seinen Rat hören.

Vielleicht erfüllt sich Ihre Sehnsucht nach einem Domizil in Südfrankreich in Form einer modernen *résidence avec tout comfort*. Oder aber in Gestalt einer romantisch gelegenen, stilvollen Stadtwohnung in der *vielle ville*, möglichst mit einem schmiedeeisernen Portal vor dem gepflegten, liebevoll bepflanztem Innenhof und in Fußwegnähe zu eleganten Geschäften, guten Restaurants und pittoresken Bistros. Der Kernbereich einer historischen Festungsstadt ohne Durchgangsverkehr, mit uralten Steintreppen und verträumten Winkeln, wo die Zeit stehen geblieben zu sein scheint, kann äußerst reizvoll sein – hier ein Studio, eine Atelierwohnung, ein Apartment mit Dachterrasse zu bewohnen ist mindestens ebenso attraktiv wie der Besitz eines Penthouse über den Dächern von Cannes, Nizza oder Perpignan.

Bedenken Sie aber auch dies: Wenn Sie sich für den Erwerb einer Immobilie im Süden entscheiden, verabschieden Sie sich

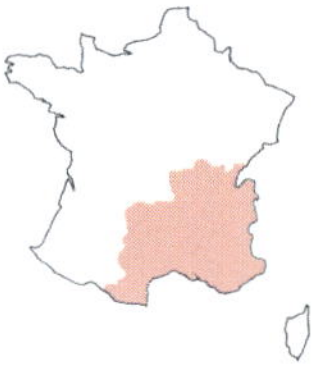

gleichzeitig vom bisher praktizierten Feriendasein in einem Hotel oder in einer Urlaubspension. Der fürs Abendessen von dienstbaren Geistern liebevoll gedeckte Tisch, die Reinigung der Zimmer und Bäder, all die großen und kleinen Serviceleistungen einer gut geführten *auberge* entfallen für Sie künftig. Statt dessen dehnen Sie einen Teil Ihrer Arbeit und Verantwortungen von zu Hause auf ein zweites Domizil (Nummer zwei wird es sein, solange Sie dort nicht permanent residieren) aus. Das heißt: doppelte Haushaltsführung mit den entsprechenden Kosten. Auch daran sollten Sie denken, wenn Sie vom Leben in Südfrankreich in eigenen vier Wänden träumen!

ABC der Fachbegriffe

Wenn Sie sich ein Bild von den Angeboten auf dem Immobilienmarkt in Frankreich machen wollen, hilft Ihnen auch die Lektüre einschlägiger Anzeigen in der Fachpresse oder in den Gazetten diverser Maklervereinigungen weiter. Doch was in den auf Französisch abgefassten Objektbeschreibungen, in den Inseraten einer Zeitung oder im Offertenblatt eines Maklers steht, ist für Sie vermutlich nur zum Teil verständlich. Und wenn es ins Verhandlungsstadium geht, sind Sie auf einen Dolmetscher angewiesen, sofern Sie (noch) nicht über sehr gute Französischkenntnisse verfügen. Hier aber zunächst einige nützliche Hinweise.

Einiges aus dem Spezialjargon ist kaum zu übersetzen, weil es dafür keinen entsprechenden Begriff im Deutschen gibt. Zum Beispiel taucht immer wieder das Wort *Besson* auf: Das ist der Name jenes Mannes, der durch Änderungen in der französischen Gesetzgebung vor einigen Jahren den Erwerb von Wohnungseigentum durch Steuererleichterungen auch weniger gut Verdienenden ermöglicht hat. Oder Sie lesen von einer *location T2* oder *T3*. Diese T-Formeln bezeichnen genormte Wohnungsgrößen und -schnitte, ähnlich wie sie bei uns der »Soziale Wohnungsbau« kennt.

Nachfolgend einige Vokabeln, die zu dieser Thematik gehören und die Sie vorab schon einmal auswendig lernen können:

ABC der Fachausdrücke

à débattre	verhandelbar
à louer	zu vermieten
à vendre	zu verkaufen
agence d'immobiliaire	Immobilienmakler
bail couliissate	Terrassen-Schiebetür
bailleur	Verpächter, Vermieter
BE (bon état)	guter Zustand
le bien	Besitz
bricolage	Basteln, do-it-yourself
brico dépot (brico marché)	Heimwerkermarkt
CC (chauffage compris)	einschließlich Heizung
certificat d'urbanisme	Baugenehmigung
CH de B	cheminée de bois (Kamin f. Holzfeuer)
charpente	Dachstuhl, Balkenwerk
chaumière	strohgedecktes Haus
chbrs (chambres)	Zimmer
conseil en bâtiment	Bauberatung
clos	Gehege, kleines Gehöft
cour	Hof, auch Bauernhof
déchetterie	Abfalldepot
déménagement	Umzug
demeure	Wohnstatt, Bleibe
dépendancce	Nebengelass
dépot des ordures	Abfalldepot
2NIV (deux niveaux)	zwei Geschosse
dossier de présentation	Beschreibung eines Objekts (Makler)
droît de passage	Wegerecht
droît de puisage	Wasserrecht (Brunnen, Quelle, Leitung)
EDF	Electricité de France
F3, F4 usw.	3- bzw. 4-Zimmerwohnung (bewirtschaftet)
FAI (frais d'agence inclus)	Maklergebühren inklusive
fenêtre à l'anglaise	nach außen zu öffnendes Fenster
fenêtre basculante	Kippfenster

Affiches pour votre maison: **In jedem Haushaltsgeschäft erhältlich!**

ferme	Bauernhaus
fioul	Heizöl (»fuel«)
FN (frais du notaire)	Notargebühren
FNR (frais du notaire réduits)	ermäßigte Notargebühren
gaine TPC	flexibles Kunststoffrohr
GDF	Gaz de France
gestion	Verwaltung (-skosten), auch Schätzung
GGE 2V	Garage für zwei Fahrzeuge
grange	Scheune
hôtel de ville	Rathaus
hôtel particulier	herrschaftliches Wohnpalais (= manoir)
immeuble	Gebäude, Immobilie
immeuble de rapport	Reihenhaus
immeuble ancien	Altbau
locataire	Mieter
location	Vermietung
LOC VAC (location vacance)	Vermietung als Ferienwohnung
logement locatif	Mietwohnung
Loi Besson	Finanzierungsmodell für den Bau von Mietwohnungen
lucarne	Dachgaube
lumineux	hell, sonnig
maison è étage	einstöckiges Haus
maison de bourg	Haus in einem kleinen Ort
maison indépendante de plainpied	eingeschossiges Haus
manoir	kleines Schloss, Herrensitz
mairie	Bürgermeisteramt
mas	Bauernhaus, Chalet
muraille	Mauerwerk
niveau	Fläche, auch Etage
PAS (prête pour l'accession sociale)	sozialer Wohnungsbau
Pavillon	Bungalow
plan d'occupation des sols	Bebauungsplan
poële	Ofen
porte coulissante	Schiebetür
poutre	Holzbalken
prise (de courant)	Steckdose
proximité de...	in der Nähe von...
...qm hab	...qm Wohnfläche
RDC (rez-de-chaussée)	Erdgeschoss
réseau	Netz (Wasser, Strom, Telefon)
résidence principale	Hauptwohnsitz
résidence secondaire	Zweitwohnsitz
SAM (salle à manger)	Esszimmer
sauf riverains	Anlieger ausgenommen
SDB (salle de bain)	Badezimmer

séjour	Aufenthalt, auch Wohnzimmer	*terrain constructible*	Bauland
Service de Cadastre	Katasteramt	*terrain viabilisié*	erschlossenes Bauland
sous-sol	Souterrain, Tiefgeschoss	*TVX (travaux)*	Arbeiten
studio	Einzimmer-Apartement	*usage professionnel*	gewerbliche Nutzung
système D	Selbermachen, »gewusst wie«	*vd. (vend)*	verkaufe
		volet	Fensterladen, Jalousie
taux	Zinssatz		
T3, T4 usw.	3- bzw. 4-Zimmerwohnung (unbewirtschaftet)	*Z.A. (zone artisanale)*	Gewerbegebiet/Handwerk
TBE (très bon état)	sehr guter Zustand	*Z.C. (zone commerciale)*	Gewerbegebiet/Einkaufszentren
TB vue (très belle vue)	sehr schöne Aussicht	*Z.I. (zone industrielle)*	Industriegebiet
terrain avec CU	Bauland mit Baugenehmigung		

Suche auf eigene Faust

Welche sorgfältigen Planungen – oder Zufälle – Sie auch immer in jene Gegend geführt haben, die Ihrer Ansicht nach weitgehend jene Voraussetzungen erfüllt, auf die es Ihnen ankommt: Die Suche nach einem geeigneten Objekt ohne fachliche Beratung entwickelt sich vermutlich zu einer doppelt so spannenden Angelegenheit. Es gibt mehrere Möglichkeiten der Vorgehensweise, wenn Sie auf den Service eines Immobilienagenten verzichten wollen – wobei es zunächst dahingestellt bleiben soll, ob dies klug ist oder nicht.

Grundsätzlich: Treten Sie Ihre Explorationsreise(n) nicht gerade während der hochsommerlichen Urlaubszeit im Juli oder August an. Vermeiden Sie auch Ihre vermeintliche Traumgegend mit dem Auto an einem Freitag zwischen 14 und

19 Uhr anzusteuern. Die zeitweilige Dichte überregionaler und regionaler Wochenend-Verkehrsströme könnte Sie schon während der Anreise nerven und Ihnen die gute Laune nehmen. Also: Planen Sie Ihre Erkundungsfahrten antizyklisch zur Ferien- und Verkehrsfrequenz, und Sie haben sehr viel mehr vom Landschaftserlebnis, das Sie (und Ihre mitfahrende Familie) ja positiv einstimmen soll.

Das Aufsuchen abgelegener Plätze bedingt bestes regionalspezifisches Kartenmaterial, möglichst im Maßstab 1:100.000, 1:200.000 oder maximal 1:250.000, etwa von Michelin. Diese und einige Spezialkarten erhalten Sie in vielen Buchhandlungen und Zeitungsläden (*journaux/tabac*) in Frankreich oder z. B. beim GeoCenter in München, bei Schwarz in Frankfurt am Main oder Schropp in Berlin. Ohne Karten im großen Maßstab könnte es geschehen, dass Sie sich hoffnungslos verfahren, obwohl die Qualität der Beschilderung auf dem Lande meist sehr gut ist. Dennoch kann Ihnen passieren, dass Sie auf dem Weg vom Dorf A zur Ortschaft B auf hal-

Lohnt ein Wiederaufbau? Selbst wenn Sie die Ruine fast geschenkt bekommen: Konsultieren Sie einen Baufachmann!

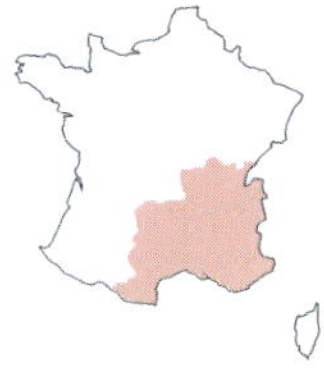

ber Strecke an eine Straßensperrung (Baustelle) mit Umleitungspfeil nach C kommen, in C aber nur Hinweisschilder nach D und E entdecken, nicht nach B. Weder C, D oder E finden Sie auf Ihrer Karte, die leider im Maßstab 1:500.000 gehalten ist. Also schlagen Sie auf gut Glück Kurs D ein, sehen aber schon einen Kilometer weiter ein Schild, das an einer Abzweigung wieder nach B weist. Glücklich lenken Sie Ihr Mobil dorthin, um aber in G zu landen, wo die einzige weiterführende Straße Sie zu Ihrer Überraschung nach A zurückbringt. Nach zwei Stunden entnervender Irrfahrt haben Sie den Zugang zur Ortschaft B noch immer nicht gefunden. Weil er nirgends ausgeschildert ist und Sie eine ungeeignete Karte benutzen...

So manches einsame Anwesen liegt an einer Zufahrt, die Sie als solche gar nicht wahrnehmen: Ein unscheinbarer Sandweg, der von einer kleinen Nebenstraße abzweigt, steil ansteigend oder abfallend und vielleicht seit langer Zeit nicht mehr benützt. Gerade im Languedoc, aber auch in der Auvergne befinden sich etliche versteckt gelegenen Paradiese. Die meisten dieser reizvollen Lokalitäten, die sich am Ende einer leicht zu übersehenen Zufahrt verstecken, werden Sie, wenn Sie nur einer mündlichen Beschreibung folgen, kaum finden.

Verhandlungsaufnahme

Der klassische Fall: Sie haben sich während Ihres Urlaubs in eine idyllische Gegend verliebt, die Sie in Ihrem Wunsch, sich in Südfrankreich anzusiedeln, nur noch bestärkt. Ein Jahr später kehren Sie dorthin zurück und möchten sich nach einem Grundstück mit einem Haus umschauen.

Sie beziehen Ihr Quartier in jenem kleinen Familienhotel mit den rot karierten Gardinen, das Ihnen so gut gefallen hat – gewiss erinnert man sich an Ihren vorjährigen Aufenthalt – und versuchen, mit dem Wirt ein Gespräch über Grundstücke und Grundstückspreise anzuknüpfen, und Sie bemühen Ihr bestes Französisch. Schon bald gesellt sich die Frau Gemahlin des *patron* hinzu, die offenbar sehr viel besser Bescheid weiß als jener. Das ist nun einmal so in Südfrankreich: Madame ist stets ge-

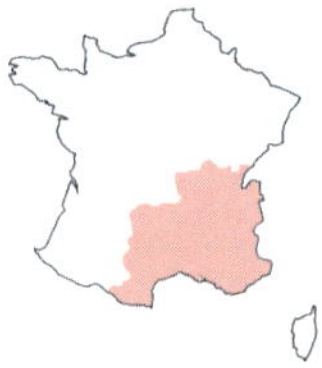

nauer informiert als der Herr des Hauses und das Personal zusammen.

Wenn in ländlicher Gegend ein Anwesen zum Verkauf steht, ist dies kaum je die ausschließliche Privatangelegenheit des oder der Besitzer – die Nachbarschaft erfährt davon sehr bald. Also nimmt sie auch Anteil, wenn ein Interessent erscheint. Diskret aber intensiv! Schon bald werden Sie feststellen, ob Sie Madame sympathisch sind wie sie auf Ihr Anliegen und Ihre Fragen eingeht, ob sie zu- oder abrät, einmal mit Monsieur oder Madame X oder Y zu sprechen. Achten Sie auch auf das Kopfnicken oder Kopfschütteln des Wirtes … Vermutlich nimmt er Sie später ein wenig zur Seite und erzählt Ihnen noch einmal genau das Gleiche, was Sie bereits von seiner Frau erfahren haben, nur ein wenig ungenauer.

Vielleicht verweist man Sie auch gleich an einen Makler oder – wenn Sie ein unbebautes Grundstück suchen – an einen lokalen Bauunternehmer. In kleinen Städten kennt natürlich jeder jeden. Werden Ihnen persönliche Empfehlungen gegeben, können Sie das schon einmal auf Ihr Punktekonto verbuchen. Andernfalls hätte man Sie mit einem Achselzucken stehen lassen.

Wollen Sie ernst genommen werden, empfiehlt sich ein zivilisiertes Outfit. Auf Ihrem eigenen Grundstück können Sie dereinst umherlaufen, wie es Ihnen gefällt – bei »öffentlichen« Auftritten empfiehlt sich auch in ländlichen Gegenden indessen ein Angleichen an die etwas konservativere Kleiderordnung der Franzosen, wenn *des affaires* anstehen, es also ums Geschäft geht. Das Auto, mit welchem Sie vorfahren, ist hingegen nebensächlich. In Frankreich wird Ihre Bonität nicht nach der Hubraumklasse Ihres Wagens beurteilt.

Prüfen und überlegen: 20 wichtige Fragen

Weil die anstehenden und von Ihnen zu treffenden Entscheidungen immerhin von einiger Tragweite sind, sollte die Beantwortung wichtiger Grundsatzfragen an erster Stelle Ihres Programms stehen.

Einige der Fragen können nur Sie selbst beantworten. Andere richten sich an Ihre jeweiligen Gesprächspartner. Fragen zu formulieren und auch die Antworten zu verstehen, setzt einigermaßen gute französische Sprachkenntnisse voraus. In komplizierten Fällen werden Sie sich wohl der Hilfe eines Übersetzers bedienen müssen.

1. Grundsätzlich: Suchen Sie ein Baugrundstück, ein Grundstück mit einem alten oder neueren Haus, oder wäre etwa eine Wohnung sinnvoller?
2. Kommt das angebotene Objekt bezüglich Lage, Zustand und Charakter Ihrem Wunschbild nahe?
3. Welchen Umfang hat die Liegenschaft insgesamt, was gehört alles dazu?
4. Entspricht die Größe des bzw. der Gebäude oder der Wohnung Ihren Bedürfnissen?
5. Aus welcher Zeit stammen die Baulichkeiten?
6. Wie ist die bauliche Substanz beschaffen?
7. Sind Instandsetzungsarbeiten notwendig?
8. Ist das Anwesen noch bewohnt bzw. bewirtschaftet, wird es bei der Übernahme frei?
9. Steht das Anwesen leer – und wie lange schon?
10. Wer ist der Eigentümer des Objekts?
11. Welche Preisvorstellungen wurden genannt?
12. Welche Zahlungsmodalitäten lassen sich aushandeln?
13. Liegen Lasten auf der Immobilie?
14. Gibt es Auflagen oder Nießbrauchrechte Dritter?
15. Gibt es einen Architekten und Handwerker im Ort oder in der Nachbarschaft?
16. Wie ist die Wasser- und die Stromversorgung?
17. Wie sind die Zufahrtswege, wem obliegt ihre Instandhaltung?
18. Haben sich schon andere Interessenten das Objekt angesehen?
19. Wie steht es mit der regionalen Infrastruktur: Verkehrsanbindung, Einkaufsmöglichkeiten, Post, Gastronomie, Ärzte, Apotheke usw?
20. Gibt es Lärm- oder andere Störfaktoren, die einem den Aufenthalt verleiden könnten?

Auch aus diesem verlassenen Bauernhaus in Crolles, Alpes Maritimes, lässt sich ein Paradies machen. Objekte wie dieses werden häufig angeboten.

Dieser Fragenkatalog, auf den nachfolgend detailliert eingegangen wird, stellt eine komprimierte Zusammenfassung dar, sozusagen zum Abhaken vor Ort. Für Ihre Entscheidung, in Südfrankreich eine Immobilie zu erwerben, sind sie von ausschlaggebender Bedeutung. Wenn es Ihnen auch noch auf andere Kriterien ankommt, stellen Sie diese in einer zusätzlichen, individuellen Liste zusammen.

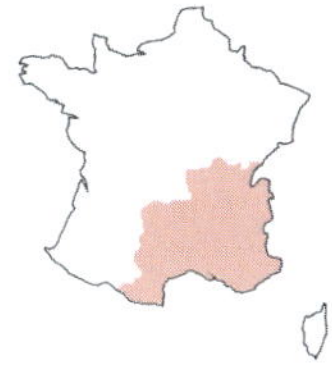

1. Bauplatz, Haus oder Wohnung? Überlegen Sie gut, ob ein Haus auf einem mehr oder weniger ausgedehnten Grundstück langfristig gesehen für Sie das Richtige ist, ob Sie an einem attraktiven Platz selbst bauen wollen oder ob eine Eigentums- oder Mietwohnung im Süden nicht sinnvoller wäre.

Vor allem, wenn Sie es sich zeitlich nicht erlauben können, am Ort Ihres Zweitdomizils eine Baustelle zu betreiben und

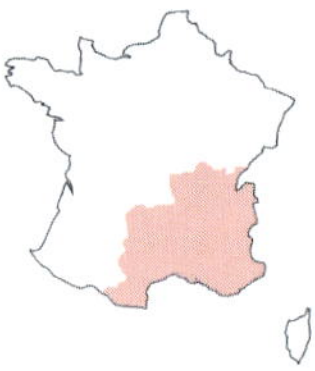

später dort über längere Perioden zu wohnen, wäre eine Wohnung von Vorteil: Sie kommen, wann es Ihnen gerade passt, schließen die Tür auf, öffnen die Fenster und können relaxen.

Ein eigenes Haus muss schon im Hinblick auf den Garten auch während Ihrer Abwesenheit versorgt werden. Es unterliegt auch anderen Bewachungs- und Obhutkriterien und ist auf eine Betreuung durch Vertrauenspersonen angewiesen. Anders stehen die Dinge, wenn Ihnen das Anwesen über kurz oder lang als Hauptwohnsitz dienen soll. Denken Sie aber auch an das Alter: Haus- und Gartenbesorgung bedeuten gerade bei einem Objekt in landschaftlich exponierter Lage Arbeit rund um die Uhr und rund ums Jahr, so dass auch unter diesem Aspekt eine Wohnung in einer *Résidence* oder in einem gepflegten, stilvollen Stadthaus seine Vorteile haben kann.

2. Lage, Zustand, Charakter der Liegenschaft. Liebe auf den ersten Blick? Ganz gleich, ob es sich um ein einsames *mas* (kleines Bauernhaus), eine ehemalige Ölmühle, ein attraktives Altstadthaus oder eine Eigentumswohnung in einer noblen Herrschaftsvilla handelt: Sie sind mit bestimmten Vorstellungen in diese Gegend gekommen und sollten sich nicht durch vordergründige Reizfaktoren zu einem spontanen Umwerfen all Ihrer mit Sorgfalt angestellten Überlegungen verleiten lassen, nur weil die Leute, die Sie gestern Abend kennen gelernt haben, so liebenswürdig zu Ihnen sind.

Erfüllen also die Lage – ganz einsam, in der Nähe einer Ortschaft, im Stadtbereich, in den Bergen, an einem Hang, am Wasser, in einem Tal, in Waldnähe – und der Charakter des Objekts die von Ihnen angestrebten Voraussetzungen?

Bedenken Sie, dass Sie sich irgendwann einmal veranlasst sehen könnten, das Objekt zu verkaufen. Je extremer die Lage oder die Bauart der Immobilie, desto schwieriger könnte später die Suche nach einem Interessenten dafür werden.

Handelt es sich bei dem von Ihnen favorisierten Objekt um ein heruntergekommenes Anwesen, das einer völligen Wiederherstellung bzw. eines Umbaus bedarf? Oder ist das, was Sie vorfinden, ohne großen Aufwand beziehbar? Hat es Stil, Charme, eine besondere Note?

Wie ist die Sonneneinstrahlung, gibt es Schatten spendenden Baumbestand, wo ist die Wetterseite, wie ist der Fernblick? Bei einem einzeln stehenden Haus spielt das Umfeld eine Rolle, die Distanz zu den Nachbarn, die Art der Einfriedung. Wenn Sie ein Gartenfreund sind: Taugt der Boden für Bepflanzung? Ist er sehr steinig, werden Sie lastwagenweise Mutterboden herbeischaffen lassen müssen. Erkundigen Sie sich, was das pro Tonne kostet. Üppig wucherndes Unkraut ist als ein positives Kriterium zu werten: Hier geht's der Botanik gut.

■ **3. Umfang der Liegenschaft.** Manches Grundstück ist nur gerade so groß wie das Haus, das auf ihm steht. Das muss aber nicht von Nachteil sein, wenn es ein Stadtobjekt ist. Allerdings benötigen Sie wohl einen Autostellplatz. Manchmal wird in Immobilienanzeigen darauf hingewiesen, dass es Parkmöglichkeiten ohne Einschränkung auf der Straße gibt, im Falle keine Garage oder *parking extérieur* (Abstellplatz fürs Auto) auf eigenem Grund zur Verfügung steht.

Außerhalb von Ortschaftslagen kann die zum Objekt gehörende Fläche 200 Quadratmeter bis zu mehreren Dutzend Hektar betragen. Ausgedehnte Grundstücke mögen eine lohnende Investition darstellen, aber abgesehen vom daraus resultierenden Kaufpreis erhebt sich die Frage nach der sinnvollen Nutzung bzw. Bewirtschaftung größerer Grundstücksflächen.

In den klassischen Anbaugebieten könnten beispielsweise Weinberge (manchmal sind die »Berge« nur sanft ondulierte Flächen) zum Objekt gehören. Könnten Sie sich vorstellen, Winzer zu werden? Sie wären sicher nicht der erste Nichtfranzose, der im Midi für sich ein ganz neues und reizvolles Aufgabengebiet entdeckte. Es kann sogar recht lukrativ sein: Pro Hektar ist mit 7500 Flaschen zu rechnen, und für gute Gewächse sind pro Flasche umgerechnet zwischen 4 und 10 Mark erzielbar. Professionelle Betätigung im Weinbau ist aber auch mit viel Arbeit verbunden. Überlässt man den Berg einem Pächter, stehen Ihnen als Eigentümer im Regelfall 10 Prozent seiner Nettoerlöse zu.

Ganz entscheidend ist die Frage: Stimmt die Größe des Ihnen angebotenen Grundstücks genau mit den Angaben überein, die in den Katastern eingetragen sind? Was wirklich zum

Umfang des Grundstücks zählt, weist einzig der Katasterauszug aus, nicht die großzügige Geste des Verkäufers, dessen Arm einen riesigen Halbkreis und damit ein wunderschönes Stück Landschaft beschreibt, das ihm vielleicht nur zu einem Teil gehört.

■ **4. Größe der Gebäude.** Hier wird ein bereits weiter vorn behandeltes Thema relevant: Wie viele Personen sollen das Objekt bewohnen, vor allem: ganzjährig oder nur zeitweilig? Je größer die Wohnfläche, desto höher die Aufwendungen für Ausbauten, Einrichtung und für die laufende Instandhaltung, Reinigung, Heizung, Aufsicht – vom Kaufpreis ganz abgesehen.

Andererseits erweist sich erfahrungsgemäß erst im Nachhinein, dass man mehr Wohnraum und auch Nebenfläche als angenommen benötigt: für Gäste, für ein Arbeitszimmer, für eine Werkstatt, zum Unterstellen von Gartenmöbeln und -geräten, für Fahrräder, Rasenmäher, Schubkarren. Auch an eine gesicherte und wettergeschützte Zwischenlagerung von Möbeln und von Baumaterial wäre zu denken.

Einen »klassischen« Keller, wie ihn bei uns die meisten Ein- oder Mehrfamilienhäuser auch auf dem Lande aufweisen, haben in Südfrankreich nur Stadthäuser. Ein Keller ist meist aus einem der drei folgenden Gründe nicht vorhanden: Der Boden ist (etwa in gebirgigen Gegenden) felsig, und dort wäre es sehr aufwendig und infolgedessen auch teuer, eine entsprechend große Ausnehmung für eine *cave* in den Grund zu sprengen. Oder der Grundwasserspiegel ist relativ hoch, so dass eine Art *Caisson* gebaut werden müsste, um den Keller verlässlich trocken zu halten. Oder man hat(te) überhaupt keinen Bedarf an Kellerräumen, was vor allem für ältere Gebäude zutrifft: Sie verfügten weder über eine zentrale Heizungsanlage noch gab es Waschmaschinen oder Tiefkühltruhen, die man heute vorzugsweise dort unterbringt. Sollte das Haus zu den Ausnahmen gehören und ein Kellergewölbe aufweisen, so schätzen Sie sich vermutlich besonders glücklich, wenn Sie ein Freund edler Weine sind und Ihre Vorräte dort produktgerecht einlagern können.

Auch wichtig: In südlichen Ländern sollten Sie Ihr Auto tagsüber vor intensiver Sonnenstrahlung schützen, sonst kön-

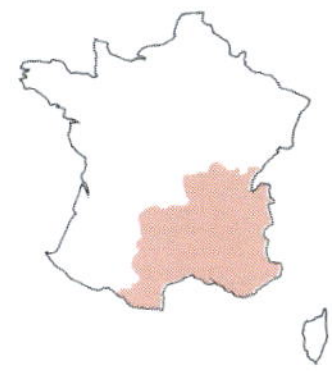

nen Sie zumindest in den Sommermonaten von der Mittagszeit an nicht am Lenkrad Platz nehmen. Ein schattiger, nicht zu knapp bemessener Abstellplatz – besser: ein Schuppen, eine Garage – ist also wichtig, möglichst ein zweiter dazu für Besuch. In winterlich schneereicher Berggegend ist das Thema Stellplatz ebenso wichtig.

5. Alter der Gebäude. Sehr alte Gebäude haben eine Ausstrahlung, die faszinieren kann. Es ist aber nicht nur eine Frage des Ambiente oder – für den Pragmatiker – von akademischer Bedeutung, ob das Anwesen alten Baubestand umfasst. Bei einem historischen Gebäude empfiehlt es sich unbedingt, nach eventuellen Auflagen zu fragen. Die Denkmalschutzbehörden Frankreichs sind mehr und mehr darauf bedacht, historische Substanz zu bewahren, und das nicht etwa nur in Städten wie Aix-en-Provence, Avignon oder Nîmes.

Alte Bausubstanz in Städten bedeutet: Raumhöhen bis zu drei Metern, starke Mauermaße, viel Nebengelass, hohe, fast bis zum Boden reichende Fenster, oft aber auch sanierungsbedürftige Wasser- und Elektroinstallationen. Sind die bereits auf dem neuesten Stand, wird sich das im geforderten Kaufpreis niederschlagen.

Wer klassische Altbauten liebt, findet in Frankreich auch in kleineren Ortschaften Liebhaberobjekte, deren Renovierung zwar sehr viel Geld verschlingt, die zugleich aber eine Qualitätsgarantie darstellen. Man hat vor acht, neun Jahrzehnten auch in Frankreich sehr viel solider gebaut als in der zweiten Hälfte des 20. Jahrhunderts.

6. Beschaffenheit der Bausubstanz. Ein Laie vermag nur selten zu beurteilen, ob größere bauliche Maßnahmen zur Restaurierung, Sanierung und Erhaltung eines älteren Hauses erforderlich sind oder ob man mit einem Minimum an Arbeiten auskommt, diese eventuell sogar im *système D*, wie der Franzose die Heimwerkerei ohne die Inanspruchnahme eines Profis nennt, selbst durchführen kann. Der Begriff geht auf die frühen 20er-Jahre zurück, als man sich einerseits mit einer Vielzahl neuer Errungenschaften konfrontiert sah, sich andererseits aber selbst behelfen musste, um sie zu nutzen. Geschickte Bast-

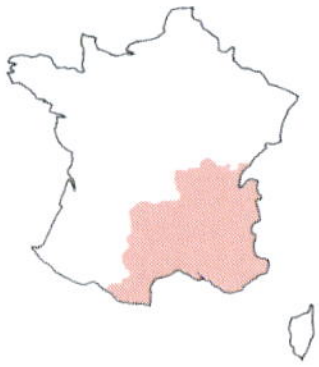

ler verstanden für Radioempfang, Strom- oder Wasserversorgung im Haus nach dem *»système de débruillard«* (wörtlich: den Nebelschleier lüften bzw. sich im Nebel zurechtfinden) zu sorgen.

Antike Installationen können gefährlich sein und gehören ersetzt. Auch der Zustand der Grundmauern, der tragenden Innenwände, des Dachstuhls, des Daches sollten von einem Baufachmann beurteilt werden, bevor Sie Pläne für Veränderungen schmieden.

Nicht nur Haupt- und Nebengebäude, sondern auch Einfriedungen, also Einfassungsmauern und Tore müssen sorgfältig geprüft werden.

Zur Beurteilung einer Eigentumswohnung, ob im Erstbezug oder von einem Vorbesitzer übernommen, und des Hauses, in welchem sie sich befindet, sollte man möglichst einen Architekten hinzuziehen. Das Honorar für seine Konsultation, umgerechnet etwa 400 bis 900 Mark (ca. 205 bis 460 Euro) – je nach Größe des Objekts – ist in jedem Fall geringer als der Aufwand, einen von Ihnen nicht rechtzeitig erkannten und reklamierten Baufehler zu reparieren. Ein mehrseitiges Gutachten für ein größeres Anwesen kann umgerechnet bis zu 3000 Mark (ca. 1534 Euro) kosten.

■ **7. Instandsetzungsarbeiten.** Sind elementare Arbeiten wie Erneuerungsmaßnahmen am Dachstuhl oder an der Deckung, das Einziehen neuer tragender Balken und von Zwischenwänden, der Einbau neuer Fenster und Türen oder Reparaturen im Installationsbereich als notwendig erkannt worden, muss deren Reihenfolge festgelegt werden. Priorität genießt immer das Dach. Es empfiehlt sich eine überschlägige Kalkulation der Gesamtkosten durch einen oder mehrere Fachleute. Bedenken Sie auch den Zeitfaktor bei den anstehenden Arbeiten – und setzen Sie den von Ihnen anfänglich geplanten Einzugstermin vorsichtshalber um sechs Monate weiter nach hinten. Den Monat August dürfen Sie zur Gänze ausklammern: da macht ganz Frankreich Urlaub; außer Ihrer eigenen Arbeitskraft können Sie die Ihrer Handwerker nicht einkalkulieren.

Beim Errechnen der voraussichtlich entstehenden Restaurierungskosten verkalkuliert sich der Nichtfachmann und

Hobbywerker meist sehr. Denn der Umfang vieler Arbeiten ist im Vorhinein nicht erkennbar und stellt sich erst im Laufe der Zeit heraus. Ziehen Sie deshalb in Betracht, dass mancher Posten in der von Ihnen zunächst überschlägig aufgestellten Schätzung der Arbeiten und Materialkosten am Ende aufs Doppelte hinauslaufen kann.

8. Bewohnt, vermietet, belegt? Bei einem derzeit noch bewohnten Anwesen, das Sie mit dem Erwerb selbst beziehen möchten, ist eine schriftliche Zusicherung notwendig, die eine Räumung bis zu spätestens diesem Zeitpunkt zum Inhalt hat. Handelt es sich bei dem Objekt allerdings um eine vermietete Wohnung, so könnte der derzeitige Mieter einen noch bestehenden Mietvertrag vorweisen, der Ihnen einige Geduld in Bezug auf den Einzug abverlangt. Denn im Allgemeinen werden in Frankreich Mietverträge von vier- oder sechsjähriger Dauer geschlossen (mit Verlängerungsoption meist um den gleichen Zeitraum), und falls von der laufenden Vierjahresperiode erst ein, zwei oder drei Jahre herum sind, heißt es Warten. Es sei denn, Sie bieten dem Mieter eine Abfindung an, die zweckmäßigerweise in zwei Hälften bezahlt wird: Eine beim Unterzeichnen einer diesbezüglichen Vereinbarung, die zweite nach erfolgten Auszug.

Lang- oder mittelfristig vermietete Wohnungen werden deshalb oftmals sehr viel preisgünstiger angeboten als leerstehende. Da mancher Vermieter sich aber nicht an einen neuen Mieter binden will, dem er für die Dauer einiger Jahre keine Mietpreiserhöhung präsentieren darf, steht manche Wohnung so lange leer, bis sich ein Interessent findet, der sie kauft.

Sie sollten sich auch vergewissern, ob der derzeitige Mieter von der Verkaufsabsicht des Wohnungseigentümers in Kenntnis gesetzt wurde, denn er besitzt ein Vorkaufsrecht zu gleichen Konditionen. Sollte er feststellen, dass Sie einen geringeren Betrag zahlen als der, den man ihm zuvor genannt hatte, steht ihm das Erwerbsrecht zu – Ihr eventuell bereits unterzeichneter Vertrag wäre dann ungültig. Von keiner Seite erhalten Sie eine Rückerstattung bereits gezahlter Gebühren, Steuern oder Abgaben; der Betrag, den Sie zurückerhalten, ist nur der, der im notariell aufgesetzten Vertrag steht.

9. Das Haus steht leer. Wie lange schon? Je länger, desto größer ist die Wahrscheinlichkeit, dass erheblicher Arbeitsaufwand nötig sein wird, die Räume in einen bezugsfertigen Zustand zu versetzen, von größeren baulichen Maßnahmen einmal abgesehen.

Lange Perioden des Unbewohntseins und Leerstehens müssen aber nicht unbedingt bedeuten, dass das Objekt verkommen ist. Wichtig ist eine ausreichende, permanente Belüftung der Räume, vor allem in alten Häusern, und aus diesem Grund können undichte Fenster oder ein paar zerbrochene Scheiben durchaus ihr Gutes haben.

Ein Anwesen, das mehrere Jahrzehnte lang nicht mehr bewohnt wurde und sich Ihnen nur noch als Ruine präsentiert, also einen völligen Neuaufbau erfordert, könnte zwar ein historisch reizvolles Objekt sein, stellt Sie aber vor finanzielle Unwägbarkeiten. Vielleicht lohnt nur das Stehenlassen der Grundmauern; die Beratung durch einen kompetenten Architekten vor dem Kauf wäre dringend anzuraten. Hinweise wie *á restaurer* oder *à renover* klingen harmlos, bedeuten aber meist, dass sehr viel Arbeit auf den Käufer wartet.

10. Rechtmäßiger Eigentümer. Es ist durchaus nicht selbstverständlich, dass derjenige, der Ihnen ein Objekt zum Kauf anbietet, auch dessen gesetzlicher oder alleiniger Eigentümer ist. Er kann zum Beispiel einer Erbengemeinschaft angehören – in diesem Fall muss er von allen seinen Miterben bevollmächtigt sein, dass er von ihnen zum Verkauf der Liegenschaft beauftragt ist.

Handelt es sich bei Ihrem Verhandlungspartner um einen privaten Vermittler, ist Vorsicht geboten; viele Ihrer Fragen wird er nicht beantworten können. Vor allem muss er Ihnen eine Legitimation vorlegen, aus der hervorgeht, dass er im Namen des im Grundbuch eingetragenen Eigentümers handelt. Leisten Sie keine Zahlungen an jemanden, über dessen Vollmachten auch nur der geringste Zweifel besteht.

Bei Ehegatten, die in Zugewinngemeinschaft leben, müssen alle den Verkauf betreffenden Schriftstücke beide Gatten unterschreiben. In aller Regel besteht eine solche Zugewinngemeinschaft, und schon der Notar, der die Verträge aufsetzt, wird darauf achten, dass beide Unterschriften auf das Dokument kommen oder der eine Ehegatte die schriftliche Vollmacht des anderen vorweist.

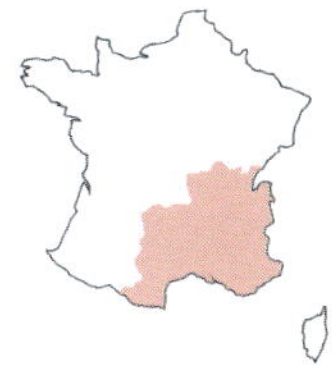

11. Kaufpreis. Fast alle Immobilienanzeigen in der Fach- oder Tagespresse bzw. in den Sammelblättern der Agenturen, die regelmäßig erscheinen, enthalten Preisangaben. Wenn sie als Verhandlungsbasis zu verstehen sind, signalisiert ihnen dies der Zusatz *à debattre*. Auch bei der ersten Kontaktaufnahme vor Ort oder in der Immobilienagentur wird der Verkäufer (Eigentümer oder Makler) Ihnen einen Betrag nennen, von dem er annehmen muss, dass Sie ihn nicht ohne weiteres akzeptieren. Es entspricht den Gepflogenheiten, den Preis auszudiskutieren, vor allem, wenn beide Parteien sich einig sind, einen Vorvertrag abzuschließen, also einen *compromis de vente*.

Eine Richtlinie für Quadratmeterpreise gibt es in Südfrankreich fast nirgendwo. Man kennt zwar Durchschnittswerte für bestimmte Gegenden, aber letzten Endes ist alles eine Frage der Verhandlung und der persönlichen Einschätzung. Nur wo Vergleiche durch eine Vielzahl von Angeboten möglich sind, liegen die Preise schon aus Gründen des Wettbewerbs vermutlich nicht sehr weit auseinander. Natürlich kann man ein Objekt jederzeit schätzen lassen. Die *gestion* kostet den, der sie in Auftrag gibt, um die drei Prozent des ermittelten Wertes.

Solange der Euro noch nicht alleinige Währung ist und unmittelbare Vergleiche mit dem Preisgefüge in anderen Ländern der Währungsunion zulässt, werden Sie bei der Nennung jedweder Zahl mit dem Taschenrechner stets umzurechnen beginnen. Ein Tipp für Kopfrechner: 1000 Francs entsprechen 335 Mark oder knapp 153 Euro.

12. Zahlungsmodalitäten. Auf welcher Zahlungsweise besteht der Verkäufer? Üblich ist, dass Verkäufer und Käufer einen Vorvertrag (*compromis de vente*) schließen, der durch einen Notar (mehr hierüber auf Seite 117/118) aufgesetzt wird und bei dessen Inkrafttreten durch die Unterschriften beider Parteien die ausgemachte Anzahlung fällig wird. Bei Abschluss der Transaktion ist der Rest zu zahlen.

Einen Teil des ausgemachten Preises unter der Hand (und in bar) zu zahlen, um Steuern, Gebühren und Provisionen zu sparen, ist zwar verlockend, stellt aber nicht zuletzt den Straftatbestand der Steuerhinterziehung dar. Die beispielsweise in Italien gern geübte Praxis, eine offizielle (niedrige) und eine nicht offizielle (höhere) Kaufsumme zu vereinbaren, scheitert in Frankreich schon am Status des Notars, der seine Zulassung schließlich vom Justizminister erhalten hat und in der Ausübung seiner Geschäfte strenger, als es in anderen Ländern üblich ist, kontrolliert wird. Im Übrigen erregen Barzahlungen höherer Beträge meist Verdacht, denn das Thema »Geldwäsche« ist auch in Frankreich relevant.

Durch ihre Unterschriften im *compromis de vente* – der keineswegs bloß eine unverbindliche Absichtserklärung darstellt – verpflichten sich beide Parteien, den beschlossenen Handel zu den formulierten Bedingungen abzuschließen. Zugleich ist eine Anzahlung fällig, meist in Höhe zwischen 5 und 15 Prozent des ausgemachten Preises. Je niedriger der Betrag ist, desto geringer im Falle des Nichtzustandekommens des endgültigen Vertrages der Verlust durch das Risiko, die Anzahlung vom Verkäufer (aus welchen Gründen auch immer) nicht zurückzubekommen.

Im Falle sich erst nach Abschluss des Vorvertrages herausstellen sollte, dass es zwingende Gründe gibt, die dem Verkauf bzw. Kauf der Immobilie entgegenstehen, kommt der eigentliche Vertrag nicht zustande. In manchen Fällen führt dies zu langwierigen juristischen Auseinandersetzungen.

Sowohl die Anzahlung als auch die restliche Kaufsumme können per Überweisung (das ist seltener der Fall), per beglaubigtem Bankscheck oder privatem Scheck erfolgen. In jedem Fall erweist sich die Funktion des Notars auch hier von Nutzen: An ihn gehen treuhänderisch alle Zahlungen, und er wird den Zeitpunkt der Weiterleitung der Beträge an den Verkäufer zu den jeweils ausgemachten Zeitpunkten vornehmen.

Spricht der Notar kein Deutsch, kommen Sie um die Bemühung eines Dolmetschers nicht umhin. Strapazieren Sie in dieser Beziehung nicht allzu sehr etwaige Freundschaftsdienste guter Bekannter, die sich in Rechtsdingen nicht auskennen. Über das Vertragswesen und die entsprechenden Formalitäten im Besonderen informiert Sie eines der nachfolgenden Kapitel.

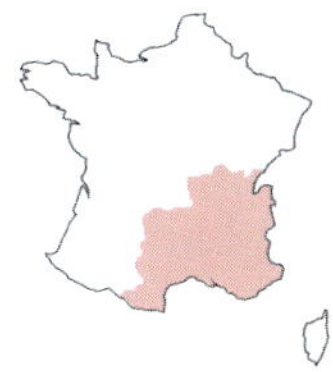

13. Lasten auf dem Objekt. Es wäre denkbar, dass ein scheinbar sehr preisgünstiges Objekt bereits von einem anderen Interessenten anbezahlt wurde, der – aus welchen Gründen auch immer – dann vom Vertrag zurücktrat oder einen für den geplanten Kauf gewährten Bankkredit kassierte, aber nicht zurückbezahlte. Es könnte geschehen, dass man Sie als den neuen Eigentümer des Objekts für die Rückzahlung des Kredits bzw. die Begleichung der ausstehenden Raten (samt Zinsen) in Anspruch nimmt. Ein sicher seltener Fall, aber es ist gut zu wissen, dass er eintreten könnte.

Ob eine Hypothek oder andere Grundpfandrechte auf dem Objekt lasten, erfahren Sie beim Hypothekenregister (*Conservation de Hypothèques*); auf die Angaben des Verkäufers allein sollten Sie sich nicht verlassen. Der ausgehandelte Kaufpreis wäre eventuell um die Höhe der Hypothek zu verringern. Im Regelfall kümmert sich der Notar, der den Kaufvertrag aufsetzt, um die Fragen bestehender Lasten.

14. Auflagen, Rechte Dritter. Zahlreiche ältere und historisch bedeutsame Bauten, zu denen nicht nur ein imposantes Château, sondern auch ein kleines, unscheinbares *mas* in einem abgelegenen Tal zählen kann, stehen – wie bereits ausgeführt – unter Denkmalschutz. Entscheidend ist im Zweifelsfall, ob das betreffende Anwesen noch ein ausreichend schützendes Dach aufweist. Es gab schon Fälle, in denen das Dach absichtlich beschädigt wurde, um Witterungsschäden herbei zu führen und dadurch Auflagen des Denkmalschutzes umgehen zu können.

Die öffentliche Hand kann durchaus ein Vorkaufsrecht für eine Immobilie in Anspruch nehmen. Ein Recht, über das der bisherige Eigentümer vielleicht gar nicht im Bilde war. Zwar muss der Staat dieses Recht keineswegs ausüben, aber eine Anfrage beim zuständigen *Conservatoire des Hypothèques* bzw. eine Einsichtnahme ins Grundstücksregister schaffen Klarheit.

Ein Vorkaufsrecht könnten auch Nachbarn haben, zumindest bei landwirtschaftlich nutzbaren Flächen. Und als »Nachbarn« kommen nicht nur die in Frage, deren Grund unmittelbar an das von Ihnen zu kaufen beabsichtigte Objekt angrenzt. Am besten erkundigen Sie sich, falls Sie ein ländliches Anwesen erwerben wollen, noch vor dem Aufsetzen eines *compromis de vente* mit dem Verkäufer auf der *Mairie* nach den Nachbarparteien und geben diesen von der Kaufabsicht mit 30 Tagen Einspruchsfrist Kenntnis.

Droit de passage: **Sie sollten *vor* dem Kauf prüfen lassen, ob die Nutzungsmöglichkeiten eines von Ihnen favorisierten Grundstückes eventuell durch Wege- oder Leitungsrechte Dritter eingeschränkt sind.**

Sehr wohl kann es den Nachbarn zustehende Nutzungsrechte an Wegen (*droit de passage*) geben, die über das von Ihnen favorisierte Grundstück führen. Normalerweise wird man Sie auf diese Rechte Dritter gleich zu Anfang aufmerksam machen, andererseits können solche Rechte aber seit Generationen zu Gewohnheiten und Selbstverständlichkeiten werden, so dass man gar nicht mehr darüber spricht. Also sollte der Kaufinteressent derjenige sein, der dieses Thema anschneidet und beim Verkäufer danach fragt.

Es gibt auch ein Leitungsrecht (Wasser, Strom), das Ihr Grundstück eventuell tangiert. Oder eine bestehende Verpflichtung zu eingeschränkter Bebauung, die natürlich zu einer Minderung des Kaufpreises führt – wenn man von ihr weiß.

Auch könnten etwa Forst- oder Straßenrechte die Bebauung einschränken, vor allem aber wäre der Landschaftsschutz zu nennen. Hierüber erhalten Sie auf dem Katasteramt (*Service de Cadastre*) Auskunft, wo auch die genau vermessene Grundstückslage zu erfahren ist, sofern darüber Zweifel bestehen.

Im umgekehrten Fall könnte das Ihnen angebotene Grundstück keine öffentliche oder eigene Zufahrt aufweisen. Dann wären Sie darauf angewiesen, ein Nachbargrundstück hierfür in Anspruch zu nehmen. Vermutlich besteht in einem solchen Fall ein Wege- und auch Leitungsrecht zu Ihren Gunsten. Im Katasteramt erhalten Sie hierüber Auskunft. Die Einsicht in die Pläne ist meist gebührenpflichtig.

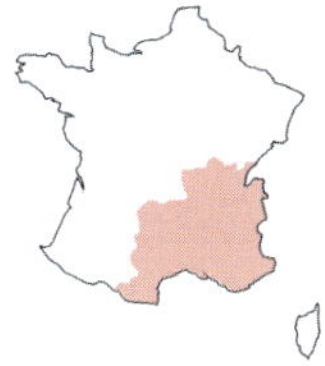

15. Architekten und Handwerker vor Ort. Auch in kleineren Ortschaften gibt es einen Architekten, und der ist meist ein Faktotum in allen Fragen des Bauhandwerks. In aller Regel stellt er eine kompetente Autoritätsperson dar, die Ihnen als Berater und in organisatorischer Hinsicht nützlich sein kann, auch in Behördenangelegenheiten. Er wird Ihnen ein Kostenangebot seiner Dienstleistungen unterbreiten, sobald Sie mit ihm den Umfang seiner Inanspruchnahme festgelegt haben. Bei der Durchführung eines Bauvorhabens ist er auch für die Abnahme zuständig.

Fragen Sie aber nicht nur den Architekten, sondern auch vor Ort nach Handwerkern für notwendige Baumaßnahmen, Innenausbauten oder Renovierungen. Empfehlungen zufriedener Nachbarn sind immer noch der beste Weg, zuverlässige Leute zu bekommen.

Entscheiden Sie sich möglichst für die Verwendung landes- und ortsüblicher Baumaterialien, sowohl für Restaurierungsarbeiten als auch bei der Erstellung eines Neubaus. Zum einen können ortsansässige Handwerker damit besser umgehen, zum anderen passt eine hanseatische Backsteinfassade nun einmal nicht zu einem Landhaus am Rande der Camargue.

16. Wasser- und Stromversorgung. Hat das von Ihnen avisierte Objekt einen kommunalen Wasseranschluss? Innerhalb geschlossener Ortschaften oder in unmittelbarer Ortsnähe wird sich die Frage nach ausreichender Wasserversorgung kaum stellen. Aber in abgelegenen Gegenden könnte es sein, dass das betreffende Objekt nicht an das Versorgungsnetz angeschlossen (die Entsorgung findet dort sowieso durch eine Sickergrube statt) und auf eine Quelle oder einen Tiefbrunnen mit elektrischer Pumpe angewiesen ist.

Ist aber das Brunnenwasser genießbar? Wie ist der Pegel in trockenen Sommern? Ein mit Dusche, Bad, Toiletten und modernen Geräten (Waschmaschine, Geschirrspülmaschine) ausgestatteter Durchschnittshaushalt von vier Personen verbraucht pro Tag 400 bis 500 Liter Wasser. Außerdem will jeder Quadratmeter Garten oder Rasenfläche bewässert werden, und wenn Sie Bäume zu pflanzen beabsichtigen, klettert der Wasserverbrauch rapide in die Höhe. Das Thema »Wasserhaus-

halt« spielt in südlichen Regionen Frankreichs eine sehr wichtige Rolle. Die Tarife werden von den Gemeinden festgesetzt; für einen 4-Personen-Haushalt belaufen sich die Kosten auf durchschnittlich 1000 bis 2000 Francs (ca. 150 bis 300 Euro) pro Jahr.

In waldreichen Gegenden des Midi, so liest man häufig, besteht in trockenen Sommern Waldbrandgefahr. Wer dort ein

Landhaus besitzt, hat im Garten meist einen Swimmingpool, und zwar nicht nur, um in der heißen Jahreszeit jederzeit ein erfrischendes Bad nehmen zu können. Gestattet man der Feuerwehr, das Wasser des Pools im Falle eines Waldbrandes zu Löschzwecken herauszupumpen, entfallen die Kosten für mehrmalige Beckenfüllung pro Jahr. Das kann bei einem größeren Pool eine beträchtliche Summe ausmachen.

Die Feuerwehr sorgt für den Unterhalt Ihres Pools, wenn Sie das Wasser im Notfall zu Löschzwecken zur Verfügung stellen! Übrigens: In St.-Tropez ist eine Villa wie diese 1,5 Millionen Mark wert. Vor acht Jahren hätte sie ein Drittel weniger gekostet.

In Frankreich beträgt die Wechselstromspannung 230 Volt – zumindest dort, wo Sie Stromanschluss vorfinden. Auch in dieser Beziehung kann es bei abseits gelegenen Anwesen auf dem Lande der Fall sein, dass eine Stromversorgung entweder nie vorhanden war oder – bei länger unbewohnten Häusern – bereits vor langer Zeit ausgesetzt wurde. Bevor Sie bei der zuständigen Behörde (in aller Regel ist es die *Mairie*) eine Versorgung mit Netzstrom bei der EDF beantragen, beauftragen Sie hiermit besser einen ortsansässigen Elektrikerbetrieb. Als Do-it-Yourselfer bekommen Sie übrigens garantiert Schwierigkeiten, wenn sie sich daran machen, Elektroinstallationen *à la système D* selbst vorzunehmen.

■ **17. Zufahrtswege.** In der Stadt kein Thema, aber auf dem Lande kann dieses Kriterium mit einiger Problematik behaftet sein. Die Pflege ausschließlich privat genutzter Zufahrten, egal von welcher Länge, wird von den Kommunalbehörden ignoriert und ist Sache der Anlieger. Soll hier (auch im Interesse des Briefträgers und Ihrer Lieferanten) etwas geschehen, sind Eigeninitiative und entsprechendes Gerät gefragt. Wenn mancherorts beides bisher nicht vorhanden war, wird man es sehr begrüßen, wenn Sie als neu Hinzuziehender aktiv werden. Sprechen Sie sich aber mit Ihren Nachbarn ab, die Ihnen vielleicht triftige Gründe nennen, warum manches lieber so bleibt, wie es ist.

Das Auto mit Vierradantrieb ist möglicherweise die bessere Alternative zur einer teuren und am Ende all zu auffälligen Grundstückszufahrt.

■ **18. Weitere Interessenten.** Jeder zweite Makler, das darf unterstellt werden, wird Ihnen überzeugend versichern, dass noch einige weitere Interessenten auf das von Ihnen in Erwägung gezogene Objekt reflektieren und dass daher ein schneller Entschluss vonnöten sei. Ob dies der Wahrheit entspricht oder nicht: Überstürzen Sie keine Entscheidung. Die »anderen Interessenten« tun es nämlich auch nicht. Unter Zeitdruck handeln, heißt Risiken eingehen.

Der Makler ist aber verpflichtet, jedes auch nur vage geäußerte Interesse an einem Objekt dem Verkäufer mitzutei-

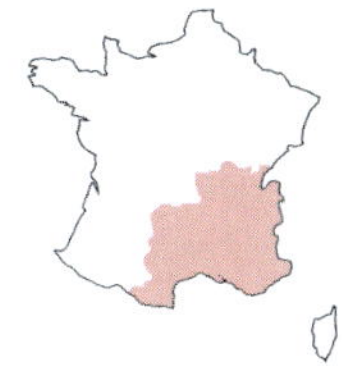

len. Und da reizvolle Liegenschaften auch auf diversen Wegen und meist in mehreren Medien angeboten werden, ist die Wahrscheinlichkeit groß, dass Sie nicht der Einzige sind, der sich meldet. Dennoch sollte die Erwähnung, dass andere Interessenten am Ball sind, Sie nicht dazu verleiten, ein höheres Gebot abzugeben.

Es gibt Mittel, um festzustellen, ob zur Zeit (noch) weitere Interessenten für das Objekt optieren. Dies ist nämlich um so unwahrscheinlicher, je länger das betreffende Objekt bereits zum Verkauf steht. Auf Ihre diesbezügliche Frage wird Ihnen der Verkäufer oder Vermittler dies vielleicht nicht mitteilen; Sie erfahren den Tatbestand aber durch Nachbarn, die das meist sehr genau wissen.

Dass andere Interessenten vor Ihnen sich für das Objekt negativ entschieden, muss nicht unbedingt an einem »Pferdefuß« liegen, den jene entdeckt haben und der Ihnen möglicherweise verborgen blieb. Jeder hat individuelle Gründe, aus denen ein selbst sehr reizvolles Objekt bei näherer Inaugenscheinnahme doch nicht in Frage kommt. Manche Häuser warten wirklich sehr lange auf den Käufer, Kenner, Liebhaber – und es gibt letztendlich für jeden Interessenten genau das richtige Objekt.

■ **19. Infrastruktur.** Wo viele Menschen wohnen, werden Sie auch eine Infrastruktur vorfinden, die Ihren Bedürfnissen entspricht: Verkehrsmittelanbindung, Einkaufsmöglichkeiten, Servicebetriebe, Gastronomie, medizinische Versorgung. Auf dem Lande jedoch, vor allem in weitab gelegenen Gebieten, sieht das anders aus. Finden Sie also heraus, wie weit Sie es bis zu den nächsten Geschäften haben, wo sich die nächste Tankstelle und ein Kundendienstbetrieb für Ihren Wagen befindet, wie Sie – im Falle Ihr Auto mal streiken sollte – mit öffentlichen Verkehrsmitteln weiterkommen. Ebenso wichtig: Arzt, Apotheke, Hospital. Und wo steht die nächste Containerbatterie für Altglas, Altpapier, Plastikmüll? Abfalldepots heißen *déchetteries*.

Sperrmüll wird nicht abgeholt: Wer sich größerer Gegenstände entledigen möchte, bringt sie zur nächsten *Communauté Emmaüs*. Das ist eine karitative Organisation, die

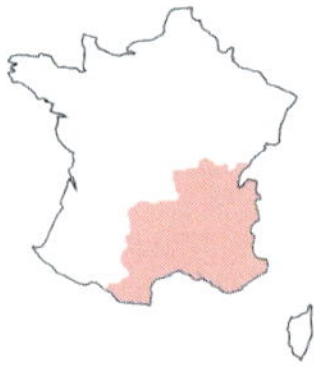

vor den Toren jeder größeren Stadt ein Depot unterhält und Gebrauchtwaren aller Art, auch Kleidung und Bücher, zum Nulltarif herein nimmt. Hier vorsorgen sich all jene, die für Anschaffungen (fast) kein Geld haben, manchmal auch Antiquitätenjäger in der Hoffnung, einen unbeachtet gebliebenen Schatz zu finden.

Sind Sie als überzeugter Junggeselle und Nichtbesitzer einer Waschmaschine auf die Nähe eines Waschsalons angewiesen, möchten Sie regelmäßig ein Fitness-Center aufsuchen, sind Sie ein leidenschaftlicher Kinogänger? Denken Sie auch ans Postamt in der Nähe, an einen Zeitungsstand (*tabac-journaux*) und an die Möglichkeit eines Kabelanschlusses fürs Fernsehen, falls dieser noch nicht besteht.

Wenn Sie sich permanent in Südfrankreich ansiedeln möchten und Kinder haben, ergeben sich weitere Fragen hinsichtlich Schulbesuch, Nähe eines Kindergartens, Jugendclubs. Senioren könnten auf regelmäßige Betreuung angewiesen sein. In romantischer, aber doch einsamer Abgeschiedenheit verkompliziert sich manches allein durch lange Anfahrtswege. An all dies ist zu denken, ehe Sie die Wahl Ihres Standorts treffen.

■ **20. Umweltbelästigungen.** Vergewissern Sie sich genau, ob das von Ihnen favorisierte Objekt in der Nähe einer Einrichtung liegt, die Ihnen über kurz oder lang den Aufenthalt verleiden könnte. Das mag eine Bahnlinie sein, die Sie zuvor gar nicht wahrgenommen haben, auf der aber in den Nachtstunden pausenlos Güterzüge vorbeirattern (was je nach Windrichtung stärker oder schwächer wahrnehmbar ist). Das kann ein Industriebetrieb hinter der nächsten Hügelkuppe sein, von dessen Emissionen Sie nichts mitbekommen haben, weil Sie Ihr Traumgrundstück an einem Wochenende oder im Ferienmonat August besichtigt haben. Das kann eine regelmäßig von schweren Muldenkippern befahrene Nebenstraße sein, die zu einer von Ihnen anfangs unbemerkt gebliebenen Kiesgrube führt oder von der man Ihnen gesagt hat, sie sei nicht mehr in Betrieb.

Die FEEE (*Fédération pour l'education à l'environment en Europe*) hat in Frankreich in den letzten Jahren viel erreicht. Sie hat eine Stärkung des Umweltbewusstseins bewirkt und vergibt Auszeichnungen für besonders »saubere« Leistungen einzelner Gemeinden oder Kantone. Häfen und Badestrände an der Côte d'Azur, die einen *pavillon bleu* (blauen Wimpel) zeigen dürfen, sind darauf sehr stolz.

Französisches Grundstücksrecht

Die Eigentumsübertragung einer Immobilie muss zunächst dem Grundbuchamt gemeldet und ins Grundbuch (*registre foncier*) eingetragen werden. Man sollte bereits den notariellen Vorvertrag durch Vorlage einer beglaubigten Kopie ins Grundbuch eintragen lassen.

Dadurch hat der Käufer der Immobilie die Sicherheit, dass bis zum Abschluss des endgültigen Kaufvertrages das Objekt nicht etwa ein zweites Mal veräußert wird – so etwas könnte durchaus geschehen! Es kommt in einem solchen Fall darauf an, die Eintragung als Erster vornehmen zu lassen.

Wird die Eintragung nicht bereits auf Grund des Vorvertrages vorgenommen, sondern die Eigentums-Übertragungsurkunde (*expédition*) erst zum Zweck einer Eintragung präsentiert, muss diese vorher durch den Notar im Original vorgelegt werden.

Der Antrag auf Eintragung sollte auf doppelte Ausführung lauten. Auf der Zweitschrift bestätigt das Grundbuchamt die Eintragung ins Register – ein wichtiges Dokument für den Käufer.

Unnötig zu erwähnen, dass der Vertrag nur denjenigen als Verkäufer ausweisen darf, der im Grundbuch auch als bisheriger, zum unumschränkten Handeln ausgewiesener Objekteigentümer eingetragen ist.

Um all diese Dinge müssen Sie sich indessen nicht selbst kümmern, denn das ist Sache des Notars. Er besorgt alle notwendigen Auszüge und Kopien – das gehört schließlich zu seinen Aufgaben, und er haftet dem Gesetz nach für die Korrektheit bei allen Formalitäten des Vertragsabschlusses. Auch wenn viele Makler einen Komplettservice anbieten, der die Erledigung sämtlicher Formalitäten im Auftrag des Kunden einschließt, sollten Sie das Aufsetzen des Kaufvertrags durch einen Notar Ihrer Wahl vornehmen lassen.

In ländlichen Gegenden hat die öffentliche Hand, vertreten durch die *Société d'Aménagement Foncier et Etablissement Rural*, kurz *SAFER*, häufig ein Vorkaufsrecht, wenn landwirtschaftlicher Besitz zum Verkauf steht. Meist wird es nicht ausgeübt; um sich aber vor unliebsamen Überraschungen zu schützen, wenn Sie mit dem Besitzer einer alten *ferme* handelseinig geworden sind, sollten Sie unverzüglich die Frage der SAFER-Freistellung klären lassen.

Immobilienvermittlung durch einen Makler

Wie überall in der Welt, so gibt es auch in Frankreich seriöse und weniger seriöse, besonders geschäftstüchtige oder auch mit erstaunlich geringer Sensibilität ausgestattete Immobilienmakler.

In manchen Gegenden, besonders dort, wo sich viele Nichtfranzosen eingekauft haben, spürt man als Zufallsklient den Hauch der Arroganz als Folge eines »verdorbenen« Marktes, auf dem nur solche Käufer noch erwünscht sind, die sich für Luxusobjekte interessieren oder zu erkennen geben, dass sie sich über jeden Tisch ziehen lassen. Ohne Voranmeldung oder Empfehlung lässt man Sie ohnedies erst einmal lange warten, ehe man sich Ihren Fragen widmet und mit Zahlen jongliert, die eher abschreckend wirken sollen.

Agenturen, deren Geschäft mit dem Signet der *»Fédération Nationale des Agents immobilières et Mandataires en vente de fonds de commerce«* (FNAIM) versehen ist, dürfen Sie in aller Regel Ihr Vertrauen schenken. Auch das Briefpapier einer Agentur sollte erkennen lassen, ob sie einer Fachvereinigung angehört und bei der Handelskammer registriert ist. Wurde der Makler vom Verkäufer bevollmächtigt, Anzahlungen vom Käufer entgegenzunehmen, so empfiehlt es sich, sie nur per Scheck zu leisten und diesen auf den Namen des Verkäufers auszustellen. Sicherer ist es, finanzielle Angelegenheiten ausschließlich über den Notar abzuwickeln.

Insgesamt gesehen, unterliegt die Maklertätigkeit in Frankreich strenger Aufsicht. Vier oder sogar mehr Jahre Branchenerfahrung werden vorausgesetzt, will man die *carte professionelle* erhalten und sich selbstständig machen, ferner ein Jura- oder Wirtschaftsstudium. Die Präfektur prüft die berufliche Kompetenz ihrer Kandidaten gründlich. Die Berufsbezeichnung *agent immobilier* ist in Frankreich übrigens geschützt.

Das Angebot eines Maklers, das keineswegs Vertragscharakter hat, Ihnen aber verbindlich eine Kaufoption sichert, nennt sich *promesse de vente*. Meist benutzt man diese Angebotsform, die das Objekt in sämtlichen Einzelheiten beschreibt, für Eigentumswohnungen und jüngere bis neue Einfamilienhäuser. Für ländliche Anwesen, etwa alte Bauernhäuser, verzichtet man auf ein solches *promesse de vente*, mit dem sich quasi nur der Verkaufswillige, nicht aber der Kaufinteressent bindet, und geht gleich zum *compromis de vente* über, mit dem beide Seiten die Ernsthaftigkeit ihrer Interessen bekunden.

Vertrauen in ein Symbol: Die FNACA und FNAIM sind Frankreichs Maklerverbände.

Wie es ein *promesse de vente*, also ein Angebot mit Kaufoption gibt, so kennt man in Frankreich auch ein *offre d'achat*, das Gegenstück hierzu: Es wird vom Käufer unterbreitet, der ein bestimmtes Objekt erwerben möchte. Will er den Zuschlag möglichst rasch erhalten, um vielleicht jemand anderem zuvorzukommen, wird er in der Regel den geforderten Preis akzeptieren, auf den er bei der Abgabe seines (schriftlichen) Gebots eine Anzahlung leistet. Diese *offre* ist für den Kaufinteressenten in jedem Fall für die Dauer einer formulierten Frist bindend.

Wenn Ihnen kein Angebot vorliegt und Sie sich erst behutsam auf dem Markt vortasten möchten, beauftragen Sie am besten ein Maklerbüro, für Sie ein Objekt nach Ihren Vorstel-

Angebotsvielfalt: Im Littoral findet man in jeder Stadt einige Immobilien-Agenturen.

lungen ausfindig zu machen. Sie erteilen der *agence* ein *mandat de recherche*; so etwas wird häufig praktiziert und verpflichtet Sie zu nichts.

Auf die Vergütung, die ein Makler für seine Bemühungen im Erfolgsfall beansprucht, wird in dem Kapitel Provisionen, Steuern und Gebühren eingegangen.

Vorsicht gegenüber Vermittlern, die mit minimalen Wortanzeigen in Magazinen und Wochenendausgaben von Tageszeitungen für ein »Traumhaus im Süden« zu besonders günstigem Preis werben und nichts als ein Mobiltelefonnummer angeben (»es wird deutsch gesprochen«). Wer keine Geschäftsadresse anzugeben bereit ist, sich mit Interessenten nur an Ort und Stelle zu einer Besichtigung treffen will und zudem auf eine möglichst schnelle Entscheidung drängt, hat Ihr Vertrauen nicht verdient.

Solchen dubiosen Vermittlern geht es meist ums Kassieren einer Anzahlung unter Versprechungen, die sie niemals halten, und für Objekte, die es entweder nicht gibt oder die gar nicht verkäuflich sind. Erstaunlicherweise finden sich immer wieder gutwillige Menschen, die auf derlei Tricks hereinfallen und denen man auf die simpelste Art und Weise das Geld aus der Tasche ziehen kann.

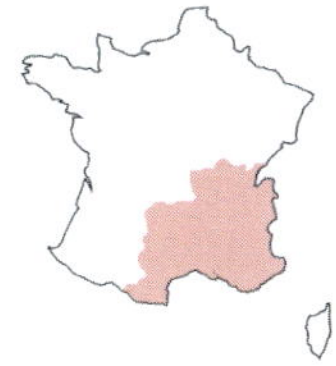

Die Rolle des Notars

Wiederholt wurde bereits auf die Funktion des Notars (*notaire*) verwiesen. Es ist bei einer Immobilientransaktion nicht nur ratsam, sondern notwendig, seine Dienste in Anspruch zu nehmen. Sie sind auf seine Kenntnisse und Erfahrungen in Vertrags- und Behördendingen angewiesen, außerdem fungiert der Notar als Treuhänder für die Übermittlung von Zahlungen. Es ist zweckmäßig, ihn mit weit gehenden Vollmachten auszustatten. Auf seine Seriosität dürfen Sie bauen: Ein Notar genießt in Frankreich sehr hohes Ansehen, seine Position hat den Stellenwert eines Staatsbeamten.

Anstatt selbst auf die Suche nach einem Notar zu gehen und Türschilder zu studieren, vertrauen Sie besser auf Empfehlungen oder lassen Sie sich bei der *Chambre des Notaires* beraten. Ist ein Makler eingeschaltet, wird der Ihnen vermutlich seinen Hausnotar empfehlen. Da Sie als Käufer das Recht haben, Ihren Notar selbst zu benennen, müssen Sie einer solchen Empfehlung aber nicht unbedingt folgen. Schwierig wird es sein, einen mit deutschen Sprachkenntnissen zu finden; das wäre natürlich ideal.

Keineswegs muss der Notar, der in Ihrem Namen tätig wird, dort niedergelassen sein, wo Sie Ihr Grundstück kaufen bzw. mieten oder in anderer Hinsicht seine Dienstleistungen in Anspruch nehmen.

Dies hat schon viele Deutsche, Österreicher oder Schweizer bewogen, einen Notar aus dem zweisprachigen Elsass mit der Vertretung ihrer Interessen zu beauftragen. Nur könnten Reisen des Notars, sofern sie im Auftrage eines Mandanten erforderlich werden, zu Spesenrechnungen von größerem Umfang führen; auch die Einschaltung eines Vertreters vor Ort könnte relevant werden und die Kostennote um einen solchen Posten erhöhen. Dies gilt es vorher abzuklären!

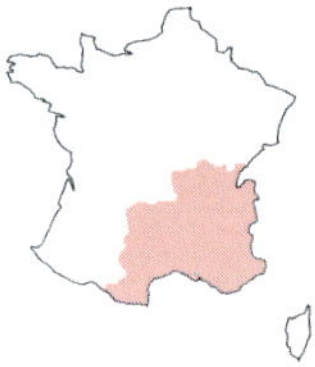

Der Notar darf für beide Parteien gleichermaßen aktiv werden, denn er ist durch das Gesetz zur Unparteilichkeit verpflichtet. Er wird für Sie die Recherchen und Eintragungen in diversen Registern vornehmen und dabei auch feststellen, ob es bei der Transaktion eventuell irgendwo »Haken und Ösen« geben könnte – für den Käufer wie für den Verkäufer. Er wird bei Verhandlungen mit dem Makler zur Seite stehen oder Ihnen einen Steuerberater benennen, wenn Sie ihn benötigen. Der Notar ist eine Vertrauensperson und zur Verschwiegenheit verpflichtet.

Kaufpreis und Finanzierung

Die Höhe des Kaufpreises kann eine relative Größe darstellen. Sie hängt von Trends und wirtschaftlichen Gegebenheiten ab, und beide können sich jederzeit und unvorhersehbar ändern. Zwar steigt die Nachfrage im Ganzen gesehen in Frankreich ebenso wie in anderen Ländern Europas, dennoch sind gewisse Zyklen zu beobachten, denn Angebot und Nachfrage – und nur die bestimmen letztlich den Markt – sind keine Konstanten. Zehn Jahren einer Aufwärtsbewegung auf dem Immobilienmarkt kann eine gleich lange Baisse folgen. Nur weiß niemand, zu welchem Zeitpunkt sich der Trend umkehren wird. Im Extremfall hat man genau zum falschen Zeitpunkt gekauft oder verkauft...

Die laufenden Kosten und Steuern, die Ihnen durch Erwerb und Besitz einer Auslandsimmobilie entstehen, sind von ebenso großer Bedeutung wie der Kaufpreis. Rechtzeitig vor Abschluss der Vor- und Kaufverträge sollten Sie deshalb eine Gesamtaufstellung der auf Sie zukommenden finanziellen Belastungen vorgenommen haben.

Natürlich stellt es den Idealfall dar, wenn Sie den Kauf eines Objekts im Ausland so abschließen können, dass keine Fremdfinanzierung erforderlich ist, Sie also ohne Inanspruchnahme von Bankkrediten, privaten Darlehen oder die Eintragung einer Hypothek auskommen. Andererseits sind die Konditionen für Zins und Tilgung in Frankreich derzeit relativ günstig, und auch Ausländer können dort von finanziellen

Vergünstigungen profitieren, die beim Erwerb einer Immobilie gewährt werden.

Fremdmittel werden beim Grundstückskauf in Frankreich häufig in Anspruch genommen. Finanzierungen mit Hypothekengarantie – in Francs oder Euro – spielen sich in der Regel zwischen 30 und 70 Prozent des Objektwertes ab, wobei die Festlegung dieses Wertes sich nicht an dem im Kaufvertrag ausgewiesenen Betrag orientieren muss; meist wird ein Sachverständigen-Gutachten gefordert. Bausparkassen bestehen immer auf einem solchen Gutachten, für dessen Erstellen sie 1,75 Prozent des Schätzwertes berechnen (plus Mehrwertsteuer).

Immer mehr Kreditinstitute dehnen ihre Geschäftstätigkeit auf europäische Nachbarländer aus. Eine Finanzierung bzw. Hypothekarbürgschaft mit Finanzierungsgarantie für eine Immobilie in Frankreich kann also auch von einer Bank oder Bausparkasse im Lande des Käufers übernommen werden. Bausparkassen in Deutschland zum Beispiel bieten schon seit längerer Zeit Finanzierungsmodelle für Immobilienerwerb im Ausland an, meist über Tochtergesellschaften. Die Jahreszinssätze (*taux*) bewegten sich Mitte des Jahres 2000 um die 4,5 bis 5,5 Prozent.

Auch einige Banken offerieren Finanzierungsmodelle, nur bestehen sie dabei auf einem höheren Eigenkapitalanteil, als wenn die Immobilie im Inland läge, und meist besteht man auch auf einer Besicherung durch ein Objekt im Inland oder andere dingliche Absicherungen. In der Regel sind die Bausparkassen flexibler; neben der LBS (die in Frankreich mit der *Caisse d'Epargne* zusammen arbeitet) bieten beispielsweise die Gesellschaften Wüstenrot und Schwäbisch Hall maßgeschneiderte Finanzierungsmodelle für den Immobilienkauf in fast allen EU-Ländern an.

Es gibt auch Bauträger und Fertighaus-Anbieter, die eigene Finanzierungsmodelle vorschlagen, zum Beispiel 15 Prozent Anzahlung bei Vorvertrag, 50 Prozent bei Unterzeichnung des Kaufvertrages und Verteilung der restlichen 35 Prozent auf 12 oder 24 Monatsraten.

Die für eine Finanzierung Ihrer Immobilie in Anspruch genommene Bank in Frankreich wird darauf bestehen, dass Sie eine Versicherung gegen Risiken (Wasserschaden, Feuer, Folgen

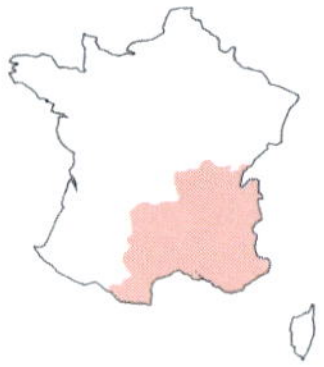

von Blitzschlag) abschließen. Sie werden Ihr Objekt ja vermutlich ohnehin versichern lassen. Dass Lage- und Baupläne, Grundbuchauszug und last not least der Kaufvertrag für das betreffende Objekt vorzulegen sind, wenn man Finanzierungsgespräche führt, versteht sich von selbst. Da nach französischem Recht immer nur ein Notar eine Hypothek bestellen kann (ebenso wie er hypothekarische Altlasten des Vorbesitzers auflöst), können Sie ihm getrost die gesamte Administration des Geschäfts überlassen.

Abschluss des Kaufvertrages

Wie bereits weiter vorn erwähnt, geht dem Abschluss eines Kaufvertrages (*contract*) ein Vorvertrag (*promesse, compromis de vente*) voran, mit dessen Unterzeichnung der Verkäufer die Absicht dokumentiert, dass er die Immobilie an den Käufer veräußern will, während der Käufer sich in gleicher Verbindlichkeit verpflichtet, das Objekt zu den ausformulierten Konditionen zu erwerben und zu bezahlen. Der Vorvertrag hat auch das Datum der beabsichtigten Unterzeichnung des Kaufvertrages zum Inhalt.

Die Frist kann 14 Tage oder auch mehrere Monate betragen – während dieser Zeit haben beide Parteien die Gelegenheit, alle Vorkehrungen für die Übergabe des Objekts zu treffen.

Den Kaufvertrag und den Vorvertrag hierzu kann die Immobilienagentur zwar vorbereiten, oft beschränkt sich deren Service aber nur auf die Vermittlung zwischen Käufer und Verkäufer, wobei alles Weitere der hinzugezogene Notar erledigt.

Mit Unterzeichnung des Vorvertrages wird die Anzahlung auf den vereinbarten Kaufpreis fällig, zahlbar auf ein Treuhandkonto des Notars. Kassiert sie der Makler, muss er das Geld/den Scheck ebenfalls an den Notar weiterleiten. Diese Anzahlung muss vom Verkäufer nicht rückerstattet werden, wenn der Käufer aus eigenen Stücken vom Vertrag zurücktritt.

Der Vorvertrag kann eine Klausel (*condition suspensive*) zum Inhalt haben, die dem Käufer den Rücktritt und damit auch die Rückerstattung der Anzahlung zugesteht, wenn er trotz intensiver Bemühungen die Finanzierung nicht zusammen bekommt. Die Rechtsgrundlage dieser wichtigen Klausel ist das Loi Scrivener (so benannt nach einer früheren Staatssekretärin). Natürlich ist diese Klausel an einen Termin gebunden. Manche Makler möchten im Interesse ihrer Mandanten (Verkäufer) die Scrivener-Klausel im Vertrag von vorn herein ausklammern.

Auch wenn eindeutig nachweisbar ist, dass eine Täuschung oder Verschleierung eines wichtigen Tatbestands den Rücktritt rechtfertigt, steht dem Käufer das Recht zu, die Anzahlung wieder zurück zu erhalten.

Die Möglichkeit, sich vom Vertrag auf Grund von *conditions suspensives* zu entbinden, gilt für beide Seiten, zum Beispiel wenn sich herausstellt, dass der Verkäufer nicht uneingeschränkt über sein Eigentum verfügen durfte oder wenn der Käufer eines Grundstücks keine Baugenehmigung (*certificat d'urbanisme*) erhält.

Fragen kostet nichts: Auf den Rat und die Tipps eines seriösen Maklers sollte man nicht verzichten.

Ob Sie die Vertragstexte ins Deutsche übersetzen lassen wollen, steht in Ihrem Ermessen. Bindend ist nur die Fassung im französischen Urtext. Da Vorvertrag und Kaufvertrag wichtige Einzelheiten enthalten können, über die zwar gesprochen wurde, die Sie aber vielleicht nicht in ihrer ganzen Bedeutung erfasst haben, kann eine Übersetzung ins Deutsche bzw. ein auf Deutsch abgefasster Vertragstext durchaus von Nutzen sein.

Der Kaufvertrag tritt mit seiner Unterzeichnung beider Parteien vor dem Notar in Kraft. Damit ist die Übertragung der Immobilie auf den Eigentümer bestätigt – legal vollzogen wurde sie bereits durch die Unterschriften beider Parteien im Vorvertrag. Der Notar hinterlegt nach der Beurkundung des Kaufvertrages eine Ausfertigung im Hypothekenregister, womit der Käufer gegen etwaige Ansprüche Dritter geschützt ist. In ein, zwei Monaten wird ihm eine amtliche Besitzurkunde (*acte de propriété*) zugestellt.

Möchten Sie die Unterzeichnung der Verträge nach Kenntnisnahme ihrer Inhalte an den Notar delegieren, so steht dem nichts im Wege. Die hierfür ausgefertigte Vollmacht muss im Original von einem Notar in Ihrem Heimatland, in dessen Gegenwart Sie das Dokument unterschreiben, beglaubigt und von einem vereidigten Übersetzer ins Französische übertragen werden. Alles in allem kosten Sie Vollmacht und Beglaubigung etwa 300 Mark (ca. 153 Euro); die Übersetzung ist meist ein Standardtext, den Sie als Dreingabe erhalten.

Provisionen, Steuern, Gebühren

Zum Kaufpreis der Immobilie addieren sich Provisionen, Steuern und diverse Gebühren. Ihre Summe kann eine beträchtliche Höhe ausmachen, sodass ein auf den ersten Blick vielleicht recht günstig erscheinender Preis für ein Objekt am Ende doch nicht ganz so attraktiv ist. Zusätzliche Posten in Ihrem Finanzierungs-Gesamtmodell sind:

■ **Maklerprovision.** Ein Immobilienmakler in Frankreich erhält für seine Bemühungen und Aufwendungen in der Regel vom Käufer eine Provision (*courtage*). Ihre Höhe ist nicht

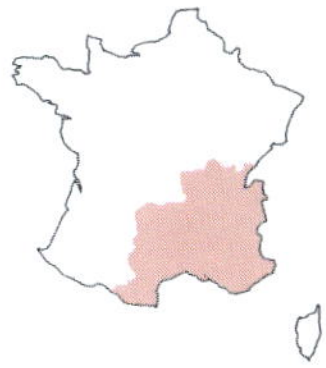

einheitlich festgelegt, sie bewegt sich je nach Gegend und Umfang seiner Dienstleistung zwischen 5 und 10 Prozent, bezogen auf die Kaufsumme im Vertrag und zahlbar durch den Käufer. Manchmal ist die Provision in dem Preis der Offerte bereits enthalten (FAI: frais d'agent inclus).

Ist dies nicht der Fall, lässt sich die Höhe dieser Vergütung zwischen Käufer und Makler eventuell aushandeln; meist ist ein gewisser Spielraum vorhanden. Bei größeren und teureren Objekten ist der Prozentsatz eher niedriger, bei sehr gesuchten Immobilien in Spitzenlagen naturgemäß höher. Im Zweifelsfall gibt die Handelskammer oder die Gemeindeverwaltung Auskunft, welche Sätze in der Region üblich sind.

Fällig ist die Maklerprovision üblicherweise bei Unterzeichnung des Vorvertrages. Dem Makler steht eine Provision übrigens nicht zu, wenn es – aus welchen Gründen auch immer – nicht zur Unterzeichnung des Kaufvertrages kommen sollte. Auf die Maklerprovision werden die in Frankreich zurzeit üblichen 19,6 Prozent Mehrwertsteuer (*TVA*) berechnet.

Bei Mietobjekten ist die Maklerprovision gestaffelt und richtet sich je nach Größe des Anwesens und Mietpreises. In der Regel tragen Mieter und Vermieter die Provision je zur Hälfte.

■ **Register- oder Grunderwerbssteuer.** Mit dem Immobilienerwerb ist in Frankreich vom Käufer eine Steuer auf die Eintragung ins Grundbuch zu zahlen. Sie beträgt je nach Departement 6 bis 8 Prozent des Kaufpreises. Für Häuser, die über fünf Jahre alt sind, und für Grundstücke unter 2500 qm Größe wird ein geringerer Satz (*droits de mutation*), etwa 4,2 bis 5 Prozent berechnet, weitere 1,2 Prozent kassiert die Gemeinde. Daneben ist eine jährliche, von den Kommunen erhobene Grundsteuer (*tax foncière*) fällig; sie relativiert sich zum angenommenen Mietwert des Objektes und beträgt darauf 2,5 Prozent.

■ **Wohnraumsteuer.** Ferner kennt man in Frankreich eine Wohnraumsteuer *(tax d'habitation)*, die sich nach der Beschaffenheit und Ausstattung des Objekts bemisst. Sie ist vom Eigentümer oder auch vom Mieter eines Wohnobjekts zu entrichten, ihre Höhe richtet sich nach dem Hebesatz der Ge-

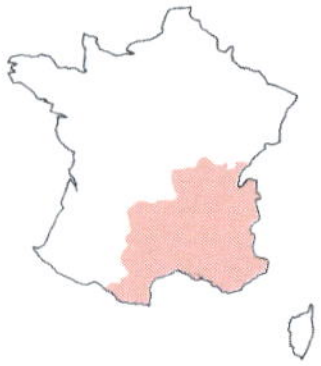

meinde und liegt in der Regel etwas über der bei uns üblichen Grundsteuer. Vorübergehend hat man im April 2000 die Wohnraumsteuer jedoch abgeschafft – für wie lange, steht nicht fest.

Die laufenden Anliegerkosten, von der Gemeinde für Müllabfuhr, Straßenreinigung und Abwasserentsorgung erhoben, sind unterschiedlich, in jedem Fall aber relativ niedrig.

■ **Mehrwertsteuer.** Für Bauland sowie für Gebäude, die nicht älter als fünf Jahre sind und erstmals den Besitzer wechseln, kassiert der Fiskus in Frankreich vom Käufer 19,6 Prozent Mehrwertsteuer *(TVA)*, bezogen auf den Kaufpreis. Oftmals ist diese Steuer im Kaufpreis inbegriffen *(TTC: toutes taxes comprises)*.

■ **Notargebühren:** Die Kostennote, die der Notar für seine Tätigkeit dem Käufer ausstellt *(frais de notaire)*, wird sich zwischen 1 bis 3,5 Prozent des Kaufpreises der Immobilie bewegen. Das Notariat wird Ihnen die voraussichtliche Höhe gern vorher ausrechnen. FNI bedeutet *frais de notaire inclus* – Notargebühren inklusive. Bedenken Sie, dass die Mehrwertsteuer zu den Notarkosten in jedem Fall aber hinzu kommt.

Steuern kassiert Frankreichs Fiskus auch auf die Rendite, die Sie aus der Immobilie nach Absetzung der Aufwendungen erwirtschaften, etwa durch Vermietung oder andere gewerbliche Nutzung. Vor allem aber ist bei einem Verkauf der Immobilie der dadurch erzielte Gewinn zu versteuern – mit 33,33 Prozent. Als so genannte Quellensteuer behält sie der Notar gleich ein und führt sie im Namen des Verkäufers ans Finanzamt ab. Erscheint den Behörden der Verkaufserlös auffallend niedrig, kann eine Überprüfung der Transaktion wegen Verdachts der Steuerhinterziehung mit all ihren juristischen Begleiterscheinungen erfolgen.

Wie bereits weiter vorn erwähnt, müssen in Ihrem Heimatland – im Falle Sie dort nach wie vor steuerpflichtig sind – im Ausland erzielte Einkünfte aus Vermietung und Verpachtung in Ihrer Steuererklärung aufscheinen. In Frankreich entrichtete Abgaben vermindern die daraus entstehende Steuerschuld. Es könnte aber sein, dass Ihnen durch das Vermieten gar kein

Gewinn verbleibt, durch bestimmte Aufwendungen am Ende sogar ein Verlust entsteht. Den können Sie als privater Vermieter einer Immobilie im Ausland bei ihrem Finanzamt zu Hause leider nicht steuermindernd geltend machen.

Baugenehmigung und Auflagen

Als Interessent für ein unbebautes Grundstück, auf dem Sie sich Ihr Traumhaus bauen möchten, erkundigen Sie sich schon beim ersten Ortstermin, ob Sie dort überhaupt bauen dürfen, und wenn ja, in welcher Dimension, Positionierung und Ausführung. Mündliche Angaben des Verkäufers oder Maklers können nur unverbindlichen Charakter haben: Allein ausschlaggebend ist Schriftliches.

Hier wird in Kürze gebaut. Für Sie...?

Auf der *Mairie* und auf dem Katasteramt (*Services du Cadastre*) informiert man Sie, wie die Dinge stehen. Landschaftsschutz oder als ausschließlich zu landwirtschaftlicher Nutzung ausgewiesenes Gelände beispielsweise könnten der Erteilung einer Baugenehmigung (*certificat d'urbanisme*) gerade dort, wo Sie sich in Ihrer Phantasie schon auf der Terrasse mit Blick auf die am Horizont glitzernde Meeresküste sitzen sehen, entgegenstehen.

Es vereinfacht den Prozess der Genehmigungserteilung, sich einem einheimischen Architekten anzuvertrauen. Er weiß nicht nur, wie man am besten vorzugehen hat, um eine Baugenehmigung zu erhalten, sondern er ist es auch, der den amtlichen Lageplan (*plan de masse*) besorgt und später die Bauabnahme zu verantworten hat!

Eine Baugenehmigung, die der Architekt im Auftrag des Bauherrn einholt, gilt ein Jahr. Das heißt, innerhalb einer Frist von zwölf Monaten muss der Bau begonnen, aber nicht unbedingt fertig gestellt werden. Die Fortsetzung des Baus nach Ablauf der Frist ist zwar wieder genehmigungspflichtig, stellt aber eine Routinesache dar – es sei denn, die Gesetzeslage hätte sich verändert und sähe jetzt Auflagen vor, die bei der zuerst erteilten Genehmigung noch nicht relevant waren. Dann könnte es zu Komplikationen kommen.

Ist innerhalb von zwölf Monaten mit dem Bau überhaupt noch nicht begonnen worden, verfällt die Genehmigung und muss neu beantragt werden. Möglicherweise enthält sie jetzt Auflagen, die vorher kein Thema waren.

Wer ein Grundstück zu erwerben beabsichtigt, auf dem ein Bau bereits begonnen wurde, sollte sich vorrangig erkundigen, ob eine Baugenehmigung vorlegt, deren Frist noch nicht abgelaufen ist und ob die bisher ausgeführten Arbeiten mit den in der Baugenehmigung festgehaltenen Kriterien übereinstimmen. Ist Letzteres nicht der Fall, müssen erkennbare Abweichungen nachträglich genehmigt werden. Der Käufer kann die Klausel in seinen Vorvertrag einfügen, dass er die Unterzeichnung des Kaufvertrages von einer Erfüllung aller diesbezüglichen Voraussetzungen abhängig macht.

Fertighäuser

In sehr großer Zahl sind in Frankreich Anbieter von Fertighäusern vertreten. Ihre Angebote sind insoweit interessant, als sie individuell auf die Region zugeschnittene Modelle offerieren. Was ins Landschaftsbild der Bretagne passt, würde selbst auf Kundenwunsch nicht den Weg in die Provence finden. Materialien, Hausform, Dach, Außenfarben, Wahl der Steine für Terrassen und Einfassungen – alles findet seine Abstimmung mit regionaltypischen Vorgaben.

Man macht in Frankreich gern Gebrauch von dem riesigen Angebot dieser Firmen, die in der *Union Nationale des Con-*

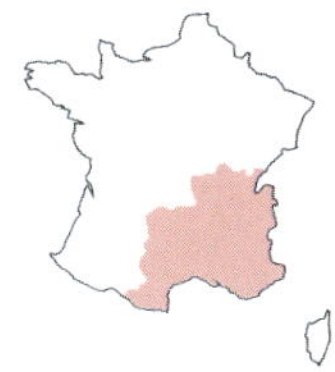

structeurs de Maisons individuelles organisiert sind. Von Vorteil sind Festpreise für schlüssel- und bezugsfertige Häuser einschließlich aller Kosten für Anschlüsse und Formalitäten sowie die Tatsache, dass der Kunde es stets mit nur einem einzigen Geschäftspartner zu tun hat, nicht mit einem Dutzend von Betrieben der Baubranche. Auch Lösungen von Finanzierungsfragen gehören zum Service. Der Besitz eines Grundstücks mit generell erteilter Baugenehmigung genügt – alles andere erledigt die Lieferfirma. Ihren Fertighäusern sieht man kaum an, dass sie im Grunde Modulkonstruktionen darstellen: Eine große Variationsbreite ermöglicht jedwede Individualisierung.

Zu den bekanntesten Anbietern von Fertighäusern in Frankreich gehören Les Maisons France Confort, Catherine Mamet, Les Demeures Traditionelles, Maisons Victor, Mas Provence, France Maisons.

Nachbarlicher Einspruch

Nur in Ausnahmefällen wird es wegen Ihres Bauvorhabens zu Problemen mit einem Grundstücksnachbarn kommen. Es könnte aber sein, dass Ihre Baupläne vom Architekten auf dem zuständigen Amt nicht allen Anliegern zur Kenntnis gegeben wurden (oder dies ganz und gar versäumt wurde) und nun jemand, der sich dadurch brüskiert fühlt, Forderungen stellt, nachdem die Bauarbeiten bereits begonnen haben. Da kann es sich um ein unwissentlich ignoriertes *droit de passage* (Wegerecht) handeln oder um ein nicht mehr wahrnehmbares *droit de puisage* (Wasserrecht: Brunnen, Quelle, Leitung) – Gründe, aus denen es sich empfiehlt, nachbarschaftliche Kontakte so früh wie möglich zu knüpfen.

Es kann teuer werden, wenn Sie begründeten nachbarlichen Protest in den Wind schlagen und in der Folge eine Zivilklage gegen Sie angestrengt wird. Zunächst einmal kann der Kläger einen Baustopp erwirken. Um die Einstellung der Arbeiten oder sogar einen Abriss bereits erstellter Baulichkeiten zu vermeiden, gibt es nur eins: die gütliche Einigung mit Ihrem Kontrahenten, schon im Hinblick auf das zukünftige Nachbarschaftsverhältnis.

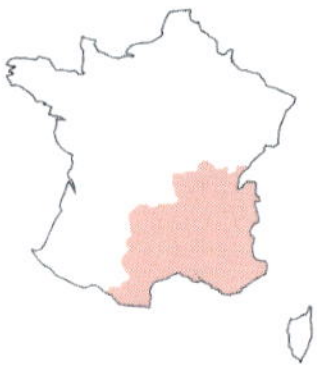

Die Einigung kann auf zweierlei Wegen erfolgen: Sie ändern Ihre Baupläne und lassen sie neu genehmigen, oder Sie bieten dem Nachbarn eine Entschädigung an. In aller Regel wird er die zweitgenannte Möglichkeit bevorzugen. Wie reichlich ein solches Trostpflaster bemessen sein sollte, ist auszuhandeln; gegebenenfalls konsultieren Sie Ihre Vertrauensperson und bitten, falls Fremdverschulden die Ursache des nachbarlichen Protests darstellt, auch die daran Beteiligten zur Kasse.

Im übrigen gibt es einen Nachbarschaftskodex, den zu kennen nur von Vorteil ist. Er nennt sich *relations de voisinage*, und unter dieser Bezeichnung kann man im Fachbuchhandel auch ein Buch hierüber bekommen (Éditions Bertrand).

In einigen Gegenden Südfrankreichs, und zwar besonders dort, wo Klima, landschaftliches Ambiente und Infrastruktur ein interessantes Ensemble bilden, haben sich Anlieger zusammengetan und alle verfügbaren Baugrundstücke aufgekauft. Weniger, um Kapital anzulegen und auf Wertsteigerung zu spekulieren, als um das Ansiedeln weiterer Zuzügler zu kontrollieren oder sich diese zumindest sorgfältig auszusuchen. Solche Interessensgemeinschaften bedingen einen guten Zusammenhalt aller Beteiligten und bieten dem Einzelnen zugleich Schutz und Sicherheit, vor allem, wenn er sein Domizil nicht ganzjährig bewohnt. Andererseits besteht die Gefahr einer kartellartigen Koloniebildung innerhalb einer Gemeinde.

Auch in Südfrankreich muss man heizen

Wer glaubt, dass man im Midi das Thema Heizung vergessen kann, »weil es im Süden doch immer warm ist«, hat einige der voran stehenden Seiten überblättert. In den Monaten Dezember, Januar und Februar kann es auch in der Auvergne, in den Ausläufern der Cevennen, vor allem natürlich in den Alpes Maritimes und in den Pyrenäen bitter kalt werden. In den Bergdörfern der oberen Provence friert sich's in ungenügend geheizten Gebäuden genau so schön wie in Carcassonne, wenn kalter Wind aufs Haus steht oder frostige Hochwetterlagen mit Frühnebel Raureif bescheren. Der im Hochsommer als so erfrischend empfundene Mistral im Rhônetal lässt Sie im Frühjahr und im Herbst frösteln.

Einen Stubenofen (*poële*) haben nicht alle Räume – selbst in alten Gebäuden, die in klimatisch gemäßigten Zonen stehen. In sehr alten Häusern steht ein Kamin in jedem Zimmer, heute praktisch nur mehr ein Zierstück. Viele Anwesen sind aber schon vor Jahrzehnten mit einer Gas-, seltener mit einer Ölheizung ausgestattet worden.

Auch dort, wo es während der Sommermonate sehr warm zu sein pflegt, lohnt der Aufwand, in ein altes Haus ohne Zentralheizung eine solche einbauen zu lassen, allemal. Die nachträgliche Installation, egal ob für den Betrieb mit Fern- oder Flaschengas, Öl (*fuel, fioul*) oder elektrischen Strom, dürfte zwischen 70.000 und 130.000 Francs kosten (ca. 11.600 bis 20.000 Euro). Das Aufstellen elektrischer Speicheröfen ist am einfachsten und kostengünstigsten. Im Betrieb ist Elektroheizung jedoch weniger wirtschaftlich.

Um ein geräumiges, altes Einfamilienhaus, dessen Mauern man nachträglich innenwandig zweckmäßigerweise isoliert

Geheizt wird meist mit Flaschengas. Jede Tankstelle unterhält ein Depot.

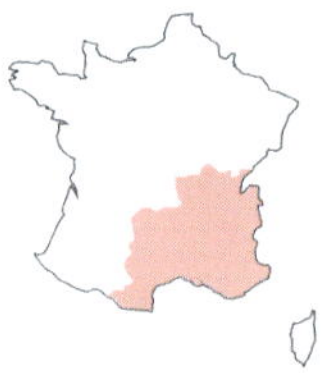

hat, im Winter mollig warm zu halten, können sich die monatlichen Energiekosten leicht auf 2800 Francs (ca. 430 Euro) addieren. Das allgemein übliche Energiemedium zum Heizen und Kochen ist Gas, das in kleinen Gebinden von 11 Kilogramm Füllgewicht an der Tankstelle oder im Bau- bzw. Supermarkt zu bekommen ist. Für die Versorgung größerer Haushalte hat man besser einen 1000-Liter-Tank im Garten; dessen Füllung kostet etwa 650 Francs. Alle Mineralöllieferanten betreiben Nachfülldienste auf Abruf. Heißes Wasser bereitet man per Gas- oder Elektrotherme.

Weil viele in früheren Jahrzehnten im Süden gebaute Häuser nicht für eine Beheizung vorgesehen waren, die Familie abends in der Küche am Herd beisammen saß und warme Kleidung im Übrigen für ausreichend erachtet wurde, entspricht alte Bausubstanz kaum den heutigen Anforderungen hinsichtlich Energieeinsparung. Das heißt: Wer ein solches Haus auf durchgehend 18 bis 20 Grad Celsius halten will, muss wissen, dass er die Außenmauern (sofern diese keinen isolierenden Spezialputz an der Innenwand haben) weitgehend mit aufheizt und damit die Landschaft ringsum. Bei Neubauten gibt es Vorschriften für bestimmte Maßnahmen zur Wärmedämmung.

Auch dort, wo es durch die Einwirkungen des Meeresklimas im Winter feucht werden kann, empfiehlt sich die nachträgliche Anschaffung zumindest eines Einzelofens im Hauptraum des Hauses, sofern noch nicht vorhanden. Die Reaktivierung eines antiken Kamins allein tut's nicht – er heizt die ihn umgebenden Mauerwände, weniger den Raum.

Mieten und Vermieten

Wo Sie den Hinweis *»à louer«* lesen, bedeutet dies, dass die betreffende Wohnung oder das Haus zur Vermietung ansteht. Interessant für Sie? Vielleicht deshalb, weil das Anmieten eines reizvollen Objektes zunächst keine umfangreichen Mittel bindet und weil Sie erst einmal in Ruhe, vielleicht für ein halbes oder ganzes Jahr, prüfen möchten, was Ihnen der geplante Ausstieg bietet? Sie hätten den Vorteil einer festen Adresse in

Frankreich, ohne die Verpflichtungen einzugehen, die Grundbesitz mit sich bringt, und Sie könnten sich allmählich einleben und nach dem Objekt Ihrer Sehnsucht forschen. Nur ist ein nur kurzzeitiges Mieten einer Ferienwohnung oder eines (möblierten) Apartments verhältnismäßig teuer.

Vielleicht kommen Sie zu der Erkenntnis, dass der Kauf einer Immobilie für Sie aus bestimmten Gründen gar nicht erstrebenswert ist. Eine Zweizimmerwohnung in romantischem Altstadtambiente zum Beispiel in Grasse, Beziers oder Tarascon kostet Sie bei einem langfristigen Vertragsverhältnis pro Monat umgerechnet rund 600 bis 1500 Mark (307 bis 768 Euro) Kaltmiete, je nach Ausstattung. Für eine repräsentative Palazzo-Wohnung (*hôtel particulière*) von 100 bis 120 qm Wohnfläche zahlt man in einer der Küstenstädte um die 2000 bis 3000 Mark (1023 bis 1534 Euro), für ein kleines, jüngeres Einfamilienhaus beträgt die Monatsmiete zwischen 1100 und 2300 Mark (562 bis 1176 Euro). Bestlagen rangieren natürlich darüber. Die Nebenkosten bewegen sich in der Regel um 12 bis 15 Prozent der Monatsmiete. Die bei vermieteten Eigentumswohnungen anfallenden Verwaltungskosten (*gestion*) durch die damit beauftragte Gesellschaft, die auch für das Mietinkasso zuständig ist, betragen meist zwischen 3 und 5 Prozent und werden gesondert berechnet.

Der Service etlicher Immobilienagenturen erstreckt sich auf eine Vermietung des von Ihnen als Teileigentum erworbenen Objekts während der klassischen Ferienzeiten (man spricht dann von einer *location vacances*). Zumindest für einige Monate im Jahr, an denen Sie voraussichtlich nicht anwesend sein werden, könnte das interessant sein, weil ja entsprechende Mieteinnahmen hereinkommen. Vorsicht jedoch vor Timesharing-Objekten, sie können ihre Tücken haben und kommen am Ende oft teurer als einem vorgerechnet wird. Und im Grundbuch werden nicht die Anteilseigner eingetragen, sondern der Bauträger oder dessen Verwaltungsfirma. Auf die Namen der Anteilseigner wird lediglich ein Nutzungsrecht eingetragen.

Wenn Sie Ihr eigenes Objekt zeitweilig vermieten, müssen Sie in Kauf nehmen, dass es sich in Ihren vier Wänden, in Ihrem Mobiliar und in persönlichen Sachen wildfremde Menschen bequem machen. Nicht nur sensible Naturen ärgern sich über Beschädigungen, Unreinlichkeit, eigenmächtig vorgenommene Veränderungen. Wenn Sie Ihr Haus oder die Wohnung von vornherein unter Gesichtspunkten einer Weitervermietung einrichten und ausstatten, fällt Ihnen ein solcher Entschluss leichter. Oder Ihr Objekt ist so geschnitten, dass es zu einer Teilvermietung taugt, durch ein Einlieger-Apartment oder einen bzw. mehrere zusätzliche Wohntrakte. Dann bleibt Ihnen Ihr persönlicher Wohnbereich zu jeder Zeit vorbehalten.

Dauervermietung bedeutet, dass Sie Ihr Haus oder ihre Wohnung über einen längeren Zeitraum nicht selbst nutzen können. Bis es soweit ist – Alterssitz! –, kann er sich durch Vermietung aber weitgehend finanziert haben: eine interessante Rechenaufgabe auch in steuerlicher Hinsicht. Nur ist bei einer solchen langfristigen Planung ein rechtzeitiges Freiwerden so früh wie möglich einzuleiten, denn auch in Frankreich kann es viele Gründe geben, warum ein Mieter ungeachtet aller vertraglichen Vereinbarungen nicht einmal unter behördlichem Druck hinaus zu bekommen ist.

Die Finanzierung von Objekten, die über einen bestimmten Zeitraum ausschließlich der Fremdvermietung dienen, wird vom französischen Staat gefördert. Mit anderen Worten: Ein solches Projekt hilft Steuern sparen. Das Modell *Amortissement Besson* erlaubt über fünf Jahre eine jährliche Abschreibung von 8 Prozent (vom sechsten Jahr an 2,5 Prozent) bei Wohnungseigentum, das über einen Zeitraum von mindestens neun Jahren vermietet wird. Auch das Vermieten einer Altbauwohnung über einen bestimmten Mindestzeitraum kann nach dem Modell »Besson« Steuern sparen helfen: Der Vermieter kommt in den Genuss eines 25-prozentigen Steuerfreibetrages (sonst macht dieser nur 14 Prozent) aus – vorausgesetzt, die Höhe der Miete übersteigt nicht einen bestimmten Maximalbetrag, der örtlich unterschiedlich festgelegt ist.

Der Mietvertrag bindet in der Regel die Parteien aber nicht nur für ein oder zwei Jahre mit der Option auf Verlängerung, sofern keine Partei unter Einhaltung einer bestimmten Frist kündigt, sondern vier oder auch mehr Jahre. Natürlich ist das letztlich eine Sache der individuellen Vereinbarung, vor allem, wenn das Mietobjekt kein *objet Besson* ist, ebenso wie die

Renovierungspflicht verhandelbar ist. Zu klären wäre nicht zuletzt die Frage der Nebenkosten und was sie alles einschließen. Üblich ist eine Mietkaution, meist in Höhe dreier Monatsmieten, die wie bei uns verzinst wird.

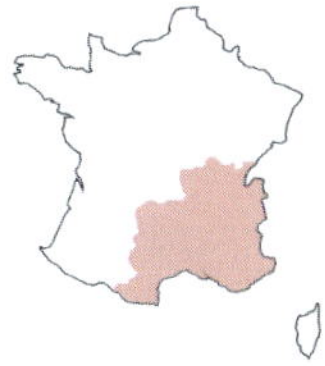

Wiederverkauf

Nicht in allen Ländern darf man als Ausländer sein Haus oder Grundstück ohne weiteres wieder verkaufen. In der Schweiz zum Beispiel gibt es in dieser Beziehung erhebliche Einschränkungen. In Frankreich dürfen Sie über Ihr Objekt jedoch frei verfügen.

Es kann aber nur davon abgeraten werden, diese Transaktion selbst in die Hand zu nehmen; es sei denn, Sie hätten einen deutschsprachigen Käufer an der Hand. Für den und für Sie wickelt sich dann alles Weitere so ab wie in Ihrem Fall, als Sie die Immobilie kauften. Überlassen Sie dennoch Ihrem Notar alles Übrige, das spart Ihnen viel Zeit und Nervenkraft.

Die Einschaltung eines professionellen Immobilienmaklers ist von Vorteil, wenn Sie weder einen Interessenten kennen noch sich um die ganze Abwicklung selbst kümmern wollen. Nur könnte es sein, dass der eine oder andere Makler gar nicht daran interessiert ist, für Sie aktiv zu werden – zumindest, bevor er das Objekt eingehend besichtigt hat. Er wird dann Fotos anfertigen und ein Wertgutachten erstellen bzw. mit Ihnen bei Ihre Wertvorstellung diskutieren. Vorsicht, wenn der Makler Ihnen sehr viel mehr zu erzielen verspricht, als Sie angenommen haben: Er wird vermutlich einen Alleinauftrag erhalten wollen und Sie davon abzubringen versuchen, einen Zweiten oder Dritten einzuschalten – was Ihr gutes Recht und zum Zweck besserer Verkaufschancen auch anzuraten ist.

Einen seriösen Makler dürfen Sie durchaus mit der kompletten Abwicklung des Immobilienverkaufs beauftragen, einschließlich Aufsetzen eines Vorvertrages mit dem Käufer. Dennoch ist es ratsamer, dieses Procedere einem Notar zu überlassen. Was Ihr Auftrag an den oder die Agenten indes zum Inhalt haben sollte, ist eine Terminklausel. Wurde nach Ablauf der vereinbarten Frist kein Käufer gefunden, geht die Sache von vor-

Altes Haus, neues Dach. Aber es scheint, als sei dem Bauherrn das Geld ausgegangen... Droht der Zwangsverkauf?

ne los – oder Sie suchen sich andere Makler. Für den oder die bisher Beauftragten ist aber eine Abrechnung über ihre Auslagen, zum Beispiel durch Inserate, zu erwarten und auch branchenüblich.

Der Wertzuwachs eines Objekts, also die Differenz zwischen Kauf und Weiterverkauf, wird mit einer Steuer belegt, die sich *impôt sur la plus valeur* nennt und deren Höhe ein sattes Drittel des Gewinns beträgt (siehe S. 125). Sie entfällt, wenn der Verkaufende fünf Jahre lang oder seit Kauf bzw. Erstbezug das Objekt ununterbrochen als Hauptwohnsitz genutzt hat.

Vererbung und Vermögenssteuer

Im Fall einer Erbschaft, die in Frankreich angetreten wird, können die Finanzbehörden beider Staaten aktiv werden. Falls die Erben Ihrer Immobilie in Ihrem Heimatland steuerpflichtig sind, könnten sie sowohl zu Hause als auch in Frankreich zur

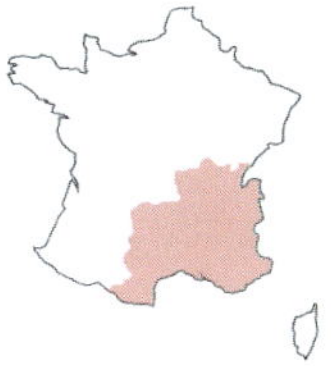

Kasse gebeten werden, denn in diesem Fall wird das Doppelbesteuerungsabkommen nicht angewendet. Jedoch wird die in Frankreich entrichtete Erbschaftssteuer zu Hause angerechnet. Vorausgesetzt werden schriftliche Nachweise der Zahlungen, auch beglaubigte Übersetzungen entsprechender Bescheide und Korrespondenzen. Zur Bemessung des Wertes einer Immobilie für die Festsetzung der Erbschaftssteuer ist der Verkehrswert (»gemeiner Wert«) ausschlaggebend. Da es hohe Freibeträge gibt, ist die Höhe der Erbschaftssteuer für eine Immobilie bis 4 Millionen Francs Verkehrswert kein Thema.

■ **Vermögenssteuer:** Bis zu einem Schätzwert von 4 Millionen Francs ist der Besitz einer Immobilie auch vermögenssteuerfrei. Darüber staffeln sich die Beträge, und da es großzügige Freibeträge gibt, die sich nach Personenstandskriterien richten, kommen selbst Eigentümer großer Villen, sofern sie Ehepartner, Kinder, Eltern und möglichst viele andere Familienmitglieder zu ernähren vorgeben, in den Genuss dauernder Befreiung von der Vermögenssteuer.

CEPES AU
gatinoix
AGRET DE CANARD AUX FIGUES

6. Leben im Süden

Die Anpassung an eine neue, südlich geprägte Daseinsqualität bereitet denen, die ein Faible für französische Lebensart haben, kaum Schwierigkeiten. Dennoch kann es eine Menge Überraschungen geben, wenn man sich nicht auch auf vermeintliche Nebensächlichkeiten vorbereitet.

Jede Region kennt ihre kulinarischen Spezialitäten – und nicht alle präsentieren sich wie teure Geschenkartikel.

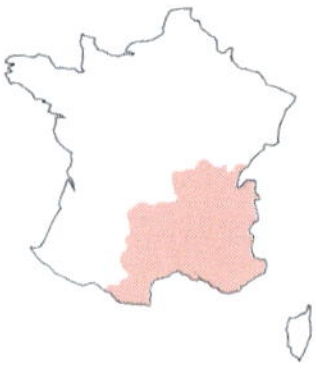

Umzug: Planung, Formalitäten, Kosten

Ganz gleich, ob Sie vorhaben, im Süden zunächst nur ein paar Ferienwochen im Jahr zu verbringen, oder ob Ihre Planung dahin geht, sich dort über kurz oder lang Ihren Hauptwohnsitz einzurichten: Die mit der Etablierung im Ausland verbundenen Umstände sind weitgehend die gleichen. Bedenken Sie, dass ein Übersiedeln (*transmigration*) auf Raten teurer wird als ein sorgfältig durchdachter Umzug unter Einbeziehung aller Gegenstände, die Sie von ihrem bisherigen Domizil ins neue verbringen wollen.

Es empfiehlt sich folgende Vorgehensweise: Erstellen Sie eine Liste, was Sie an persönlichen Dingen mitnehmen möchten, an Erinnerungsstücken, Kleidung, Büchern, Sportsachen und so weiter. Wie viel davon und was lässt sich im Pkw verfrachten, eventuell in einem (geliehenen) Van?

Bei Dingen, die es neu anzuschaffen gilt, sollten Sie abwägen, was in Ihrem Heimatland besser oder günstiger zu bekommen ist als in Frankreich. Danach haben Sie sich gewiss schon vorher erkundigt. Die Aufstellung sollte wirklich alles umfassen, womit Sie Ihr Anwesen im Süden ausstatten wollen, vom Kühlschrank bis zum Bettzeug, vom Mountainbike bis zum Rasenmäher. Wenn Sie die Liste am Ende zusammenstreichen, weil eine Anschaffung in Frankreich in manchen Fällen billiger kommt als der Kauf zu Hause (plus Transport), spart Ihnen dies Umzugskosten. Der Lademeter von Hannover nach Südfrankreich (rund 1300 Straßenkilometer) beispielsweise wird von deutschen Speditionen mit durchschnittlich 1200 Mark (ca. 614 Euro) berechnet; hinzu kommen Kosten für eventuell notwendige Demontagen größerer Möbelstücke, Gestellung von Kartons sowie die Autobahngebühren in Frankreich.

Wichtig: Ist die Zufahrt zu Ihrem Grundstück in Frankreich mit einem Möbelwagen befahrbar? Muss umgeladen oder das Umzugsgut Stück für Stück über unbefestigtes Terrain geschleppt werden?

Privates Umzugsgut, das Sie nach Frankreich schaffen lassen, unterliegt keinerlei Anmeldepflicht an der Grenze. Da innerhalb der EU-Länder ohnedies Zollfreiheit herrscht, können

Sie hinüber und herüber transportieren, was immer Sie wollen. Nur: Falls Sie durch die Schweiz fahren, benötigen Sie ein Transitdokument. Sprechen Sie bei Ihrem Zollamt vor!

Aber es gibt auch für den Warenverkehr innerhalb der EU-Länder ein paar Ausnahmen von den Freizügigkeitsregeln: Sie betreffen beispielsweise Jagd- und Sportwaffen.

Die Formalitäten bei der Inanspruchnahme eines Umzugsspediteurs beschränken sich nach der Prüfung verschiedener Angebote auf die Erteilung des formellen Auftrags, das Zusammenstellen der Stückliste (mehrfach ausfertigen), den Abschluss einer Versicherung (Sache des Spediteurs) und die Abstimmung aller Termine. Dann werden die Leihkartons bestellt und das Datum für die Abschiedsparty angesetzt...

Seien Sie an Ort und Stelle, wenn geladen wird, und erst recht, wenn ausgeladen wird, um die Verteilung des Umzugsgutes zu steuern. Möbelmänner sind übrigens wahre Verpackungskünstler; vertrauen Sie ihnen ruhig Ihr Porzellan, Ihre Gläser, Ihre Antiquitäten an. Stellen sich dennoch Beschädigungen heraus, die unterwegs erfolgt sind, müssen Sie sich an die Meldefrist halten, eventuell Fotos machen. Erfrischungen, Kaffee und eine gute Mahlzeit für Fahrer und Träger nicht vergessen, auch das branchenübliche Trinkgeld nicht. Es liegt bei etwa fünf Prozent der Rechnungssumme und teilt sich – nicht unbedingt gleichmäßig – unter die Mitarbeiter auf. Den genauen Schlüssel hierzu kennt der Chef der Mannschaft.

Natürlich können Sie sich einen Lkw mieten und den ganzen Job selber erledigen. Nur müssen Sie den gemieteten Dreieinhalbtonner wieder zurückfahren und zu Hause abgeben; Leihwagen-Stationen im Ausland nehmen nur Personenwagen im One-way-System zurück und berechnen meist auch dafür eine Extragebühr. Rechnen Sie aus, was Sie vier bis sechs Lkw-Leihtage kosten würden, vergessen Sie die Spritkosten, die Autobahngebühren und andere Spesen (Übernachtungen unterwegs) nicht, ebenso wenig die Fahrt nach der Fahrzeugrückführung wieder in die Süden, denken Sie auch an Ihren gesamten Zeitaufwand, an den zu erwartenden Muskelkater, an die Bezahlung von Hilfskräften beim Be- und Entladen – und vergleichen Sie all das am Ende mit den Kosten, die beim Einschalten einer Speditionsfirma entstehen. Selbst bei einer klei-

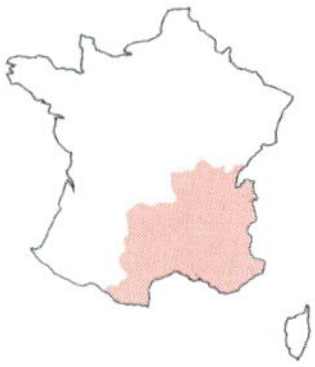

neren Menge Umzugsgut dürfte es sich lohnen, die Sachen einem professionellen Transportunternehmen anzuvertrauen.

Einrichten und Wohnen

Die Bauart der Häuser in Südfrankreich – gehen wir einmal nur von denen aus, für die Sie sich vermutlich am ehesten interessieren – ist regional unterschiedlich. Ab Lyon südwärts herrscht die Dachdeckung mit den halbrunden Mönch-und-Nonne-Ziegeln vor; fast jedes Fenster im Süden hat hölzerne Läden, die tagsüber halb oder ganz geschlossen bleiben, wenn ein Aufheizen der Räume durch intensives Sonnenlicht unerwünscht ist – oder die man schließt, um sich vor dem Mistral zu schützen.

Vor allem ältere Häuser, aus der Zeit vor 1910 stammend, weisen in jeder Region individuelle Eigenheiten auf, auch wenn es manchmal nur Details sind. Diese können Grundrissproportionen, Mauerstärken, Kaminformen, Fenstergrößen oder Raumhöhen betreffen, oder auch Fassadenfarben, Pfeilerstärken, Dachvorsprünge und dergleichen. Fast immer haben größere Baustilunterschiede ihre Ursachen in voneinander abweichenden Klima- und Wetterbedingungen, aber auch in der einstigen Verfügbarkeit bestimmter Naturbaumaterialien.

Die französische Möbelindustrie und das große Angebot an Dekor, vor allem in Keramik, machen die Realisierung von Einrichtungsplänen *à la française* zu einem Vergnügen. Weitgehend in ihrer Substanz erhaltene Landhäuser mit dem Charme des Südens lassen sich durch die Verwendung historischen Baumaterials vollkommen stilecht aufbauen. Lieferanten und Betriebe, die sich in Frankreich hierauf spezialisiert haben, listet ein eigens zu diesem Thema erstellter Führer auf (siehe Anhang).

Bau- und Handwerkstechniken, seit jeher in der betreffenden Region gewachsen und gepflegt, durch importierte Arbeit zu ersetzen, kann eine unkluge Entscheidung sein. Zu einem Landhaus an der Durance passt ein importierter Niedersachsen-Wohnstil ebenso wenig wie skandinavisches Mobiliar oder bayerische Lüftlmalerei. Diese Form von artifiziel-

ler Heimatanbindung ist so gut wie indiskutabel. Landestypisch wohnen bedeutet nun einmal, auf einen Balkon zu verzichten (weil dieser in der Gegend eben nie üblich war), sich auf heimische Hölzer zu beschränken, keine exotischen Gewächse zu pflanzen.

Je weiter südlich Sie sich ansiedeln, desto bedeutender ist die Rolle, die das Licht spielt. Die Grundrisse selbst sehr alter Häuser lassen erkennen, dass die frühe Morgen- und die Abendsonne schon immer wichtige Lichtkomponenten darstellten, während man sich nach Süden hin vor der Mittagshitze schützt. Das richtige Einbeziehen der Lichteinstrahlung kann jedem Haus ein behagliches Ambiente verleihen, wobei sich die leuchtenden Landschaftsfarben der Provence oder der Auvergne durch geschickte Architektur wirkungsvoll ins Haus holen lassen. Doch bei allem Hunger nach Licht und Sonne, den man gerade uns Nordländern nachsagt, sind überdachte Terrassen, eine Schatten spendende Pergola oder eine von Weinlaub überwachsene Veranda im Midi unverzichtbar.

In Frankreich wird viel mit historischem Baumaterial gearbeitet, wenn es um die Restaurierung eines alten Gebäudes geht.

Die Wohnqualität Ihres Domizils im Süden bestimmen letztlich Sie selbst. Wobei es kein Fehler ist, sich an klassischen, regionaltypischen Vorbildern zu orientieren statt sich internationale Plastikstandards zu eigen zu machen. Gewiss, die Segnungen des Kunststoffzeitalters haben auch Monsieur Duponts Gartenterrasse mit pflegeleichten Einheitsmöbeln verschönert, und die Miniaturlöwen auf den Säulen seiner Pforte sind Massenware aus dem Baumarkt. Auch in Frankreich sind die Geschmäcker eben sehr verschieden – sogar Gartenzwerge werden gern gekauft. Nur selten haben sie ein bisschen Ähnlichkeit mit Asterix oder Obelix.

Bankwesen und Zahlungsverkehr

Noch bevor Sie die erste Unterschrift auf irgend ein Formular oder Dokument setzen, das Sie zu einer Leistung gleich welcher Art verpflichtet, sollten Sie in Frankreich über ein Girokonto verfügen, um finanzielle Transaktionen vom Heimatland aus komplikationslos durchziehen zu können. Also führt Sie einer Ihrer ersten Wege zu einem Geldinstitut.

Ein Konto (*compte bancaire*) zu eröffnen, ist kein Problem. So lange Sie noch keine offizielle eigene Adresse haben, akzeptiert man auch die c/o-Anschrift bei einer einheimischen Vertrauensperson, über die Sie erreichbar sind. Selbstverständlich können Sie auch die Immobilienagentur oder einen Notar bevollmächtigen, in Ihrem Namen ein Konto zu eröffnen. Nur müssen Sie irgendwann einmal zur Hinterlegung Ihrer Unterschrift erscheinen, wenn Sie selbst über das Konto verfügen wollen.

Wenn Sie ein Konto bei der Postbank eröffnen wollen, genügt ein Brief (Formblatt in jeder Postagentur erhältlich) an die CRSF, *Service des ouvertures de compte*, F-69900 Lyon. Besitzer eines Postsparbuches konnten bis vor kurzem an jedem Postschalter, egal in welchem europäischen Land, Abhebungen (in der jeweiligen Landeswährung) vornehmen. Diese Zeiten sind ab 1999 vorbei. Das Postsparbuch im neuen Millennium ist eine Scheckkarte (*»SparCard«*), mit der man im In- wie im Ausland nicht mehr am Schalter, sondern an jedem Geldautomaten, der das Visa-Plus-Zeichen trägt, Geld abheben kann. Im Ausland ist diese Art der Bargeldbeschaffung um 1 bis 2 Prozent günstiger als per Bank-, Visa- oder Eurocard, denn die Postbank rechnet zum Brief- und nicht zum Sorten-Wechselkurs ab. Außerdem wird das Konto pro Abhebungsvorgang in Fremdwährung mit nur fünf Mark belastet, während die meisten anderen Geldinstitute 10 bis 15 Mark dafür berechnen.

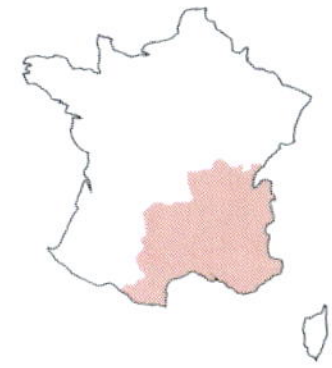

Homebanking oder Telebanking kennt man auch in Frankreich, dort unter dem Begriff *la banque á domicile*. Aus der Mode gekommen ist das gute, alte Sparbuch der Franzosen, das berühmte rote *Livret A*. Es gibt auf die Einlagen nicht mehr als staatlich verordnete 2,25 Prozent Jahreszinsen (1993 waren es noch 6 Prozent), und der Steuerfreibetrag ist auf Erträge limitiert, die sich aus maximal 100.000 Francs Guthaben errechnen. Zurzeit gibt es in Frankreich interessantere Möglichkeiten, sein Geld arbeiten zu lassen.

Direktüberweisungen von Ihrem Bank- oder Postbankkonto zu Hause auf ein Konto in Frankreich dauern nicht mehr so sehr lange wie einst, höchstens fünf bis sechs Arbeitstage. Aber nach wie vor werden hohe Transfergebühren berechnet. Der Geldverkehr mit dem Ausland wird übrigens nur noch in Euro abgewickelt. Vom 1. Januar 2002 an wird es in den Ländern der Europäischen Wirtschafts- und Währungsunion ohnedies keine landesspezifischen Währungen – von einer Umtauschfrist für Barmittel abgesehen – mehr geben.

Wer den Weg der Barabhebung größerer Summen von seinem Konto zu Hause und der anschließenden Einzahlung auf ein Konto im Ausland wählt, sollte den Betrag an der Grenze deklarieren und sich die Einfuhr durch die französischen Grenzbehörden bestätigen lassen. Den Auszahlungsbeleg der Bank sollte man bei sich haben. Bei Bareinzahlungen von 5000 Mark und mehr ist der Herr oder die Dame am Schalter eines jeden Geldinstituts verpflichtet, nach dem Pass oder Ausweis, ferner nach der erwähnten Einfuhrdeklaration bzw. anderen Unterlagen zu fragen, die eine eindeutige Herkunft des Betrages erkennen lassen. Auch die Überweisung von Beträgen über 5000 Mark (= 2556,46 Euro) ins Ausland unterliegt der Meldepflicht, wenn auch nur zu statistischen Zwecken nach §§ 59 ff der Außenwirtschaftsverordnung, wie auf dem A4-Formular

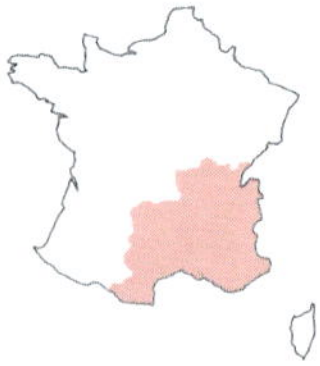

steht – ganz gleich, ob am Schalter vorgenommen, telefonisch, per Fax oder Online. Den Banken ist vorgeschrieben, sämtliche Transfers von dieser Größenordnung aufwärts im Außenwirtschaftsverkehr der Zentralbank des Landes zu signalisieren.

Anfallende Überweisungsspesen können entweder zulasten des Einzahlenden gehen (OUR-Regelung) oder zulasten des Begünstigten (BEN). Trägt der Überweisende den Gebührenteil seiner Bank und der Begünstigte die übrigen Entgelte, nennt man dies eine Share-Überweisung.

Einen gut funktionierenden Überweisungsservice, den in Anspruch zu nehmen vor allem dringenden Fällen lohnt, bietet die deutsche ReiseBank in Zusammenarbeit mit Western Union an. Bei einer Bank Ihrer Wahl ist via »Western Union Money Transfer« das Geld innerhalb von 20 Minuten in Ihrer Hand –Vorlegen eines Ausweises genügt. Das Procedere ist einfach: Sie rufen eine Person Ihres Vertrauens im Heimatland an, die Ihnen einen bestimmten Betrag überweisen soll. Der Versender zahlt den Betrag bei einer der ReiseBank-Filialen (in jedem größeren Bahnhof oder Flughafen) auf Ihren Namen ein. Gebührenbeispiel: Für die Überweisung von 1000 Mark zahlt der Versender 59 Mark, bei 3000 sind es 119 Mark.

Kontobewegungen vollziehen sich in Frankreich wie woanders auch. Für alles gibt es genormte Formblätter, und die Auszüge holt man sich am Schalter ab, falls man auf den Zustellung per Post verzichtet. Geldautomaten zum Bezug von Barem befinden sich in fast allen Bank- und Sparkassenhallen oder an den Fassaden der Gebäude. Die Auszahlung ist meist auf 1200 Francs pro Vorgang begrenzt.

Die Bezahlung mit der Scheckkarte (*carte bleue*), mit Visa- oder Mastercard ist in Frankreich zum alltäglichen Usus geworden. Versand- bzw. Internetbestellungen mit Abbuchung des Rechnungsbetrages von einem Konto kennt man in Frankreich wie bei uns, jedoch gibt es noch gewisses Vorbehalte gegenüber dieser Art der Zahlungsabwicklung, die ja erhebliches Vertrauen in den unbekannten Abbucher voraussetzt.

Handwerker, Dienstleistungen, Hilfskräfte

Eins werden Sie bald feststellen: Die Franzosen sind leidenschaftliche Heimwerker, folglich findet man in Frankreich ebenso viele Baumärkte wie bei uns. Im Einzugsbereich großer Städte gibt es in den Gewerbegebieten stets einen *Bricolage*-Markt oder Geschäfte einer vergleichbaren Handelskette. Auch der lokale Baustoffhandel ist im Durchschnitt eben so reichhaltig sortiert wie bei uns. In einigen Gegenden findet man Spezialfirmen, deren Angebotsvielfalt etwa bei Marmor oder Baukeramik sehr interessant sein kann. In den mit Z.I. oder Z.C. gekennzeichneten Gewerbegebieten befinden sich manchmal eine ganze Reihe solcher Betriebe.

Ob Neubau oder Renovierung eines alten Hauses: Sie sind mit Sicherheit auf Handwerker und Hilfskräfte angewiesen. Besorgen Sie sich baldmöglichst ein Exemplar der *pages jaunes* (Gelbe-Seiten-Telefonbuch), erhältlich bei jeder Agentur der *France Télécom*. Unter *services pratiques* werden Sie gewiss finden, wonach Sie suchen.

Bricolage bedeutet soviel wie: »do it yourself«. Die Franzosen sind begeisterte Heimwerker; Brico-Märkte sind in Frankreich dementsprechend weit verbreitet.

Die Adresse eines Elektrobetriebes (*installations électriques*) oder einer guten Kunstschreinerei (*artisanat d'art*) vermittelt Ihnen jeder Architekt, eine spezialisierte Serviceagentur oder Ihr Grundstücksnachbar. Dienstleistungen aller Art werden wie bei uns angeboten, vom Computer- bis zum Übersetzungsservice, vom Gartenpflege- bis zum Kurierdienst, meist auch zu vergleichbaren Konditionen. Im Einzugsbereich der Rivierastädte kostet jedoch alles – oder fast alles – 20 bis 40 Prozent mehr.

Allerdings: Auf manche dienstbaren Geister warten Sie trotz gegebener Zusage mitunter wochen- oder monatelang. Verlässlich eingehaltene Termine sind im Midi eher die Ausnahme als die Regel.

Noch bewegen sich die Entlohnungen für Bauhandwerker, so sie endlich erschienen sind und ihren Job vollendet haben, auf etwas niedrigerem Niveau als nördlich der Alpen. Selbst für den Einsatz einer guten Fachkraft berechnet man nicht mehr als 200 Francs, also umgerechnet 60 Mark (ca. 30 Euro) pro Stunde. Hilfskräfte pflegt man mit 60 bis 80 Francs (ca. 9 bis 12 Euro) zu bezahlen, und für Freundschaftsdienste auf dem Lande – Sohn des Nachbarn hilft bei der Gartenarbeit, seine Schwester jobbt als Babysitter – tut es ein Stundenlohn von 30 Francs (ca. 4,60 Euro). Vorsicht bei der Vergabe von Handwerksarbeiten an Leute, die das »privat« zu erledigen versprechen. In aller Regel sind Unzuverlässigkeit und nachträglicher Ärger durch Pfusch an der Tagesordnung. Jegliche Form von Schwarzarbeit ist mit Risiken behaftet und gilt außerdem als Steuerhinterziehung. Und wer sich erst einmal Ärger mit den Finanzbehörden eingehandelt hat, findet das Leben in Frankreich bald gar nicht mehr lustig.

Eine neue Spezies von Handwerksbetrieben hat sich dort etabliert, wo in letzter Zeit viele Nichtfranzosen ansässig geworden sind. So richteten Tischler, Innendekorateure, Maler oder Installateure aus Deutschland, England oder den Niederlanden ihre Werkstätten vorzugsweise dort ein, wo sich Landsleute angesiedelt haben, die wiederum gern der Dienste »ihrer« Handwerker in Anspruch nehmen. Zum einen der leichteren Verständigung halber, zum anderen, weil sie in mancher Hinsicht einiges gern »wie zu Hause« hätten. Wenn es sich auf Ausführungsqualität bezieht, ist das in Ordnung.

Ratsam ist dennoch, auf temporär importierte Arbeitskraft zu verzichten. Wer sich zum Hausbau seine Maurer, Zimmerleute, Stuckateure, Fliesenleger, Dachdecker und Elektriker aus der Heimat mitbringt, darf sich nicht wundern, wenn die lokalen Vertreter dieser Zünfte bei später anfallenden Reparaturen oder Nachbesserungen absolut keine Lust verspüren, Kleinaufträge abzuwickeln. »Diesen Fehler werde ich nicht ein zweites Mal machen,« bekennt ein Brite, der vier Monate lang einen ganzen »privaten« Bautrupp (»alles Clubfreunde«) aus seiner Heimat aushielt, weil er der Meinung war, sein Haus in Fréjus dadurch schneller und preisgünstiger hingestellt zu bekommen. Nachdem die Herrschaften abgereist waren, zeigte

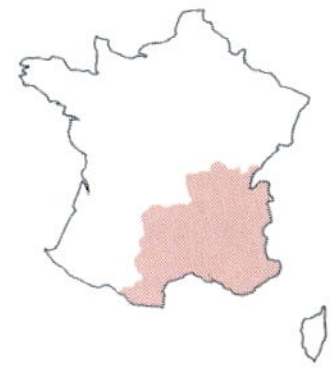

sich die Notwendigkeit einer Unzahl von Nachbesserungen. »Es war ein Spießrutenlaufen durch alle Branchen. Und was ich zu sparen geglaubt hatte, musste ich in doppelter Höhe nachzahlen. Für das Geltendmachen von Reklamationen waren meine Landsleute natürlich sämtlich unerreichbar.« Zumal der Bauherr seine »Clubfreunde« bereits in voller Höhe ausgezahlt hatte.

Die Inanspruchnahme nur zeitweilig anwesender, angeblich »günstigerer« Leiharbeiter kann also teurer werden. Die bessere Alternative wären Aufträge an von Landsleuten in Ihrer Region geführte Betriebe oder Spezialisten, die sich bemühen, eine Existenz zu schaffen und dabei das, was sie gelernt haben und was sie können, als einen Teil ihre Kapitals einbringen. Solche Handwerker und Dienstleister aus dem Ausland haben ein Recht wie jeder andere ihrer Landsleute, sich in Frankreich niederzulassen, wenn es ihnen dort gefällt, dort unter Beachtung aller Auflagen auch einen Gewerbebetrieb zu führen. Sie handeln klug, wenn sie einheimische Kräfte beschäftigen und ihr Wissen um landestypische Branchengepflogenheiten anreichern. Wer alte Vorurteile kultiviert und provozierende Sprüche klopft wie »auf Vordermann bringen« oder »mal etwas dalli-dalli«, wird damit wenig Erfolg haben.

Für die Dauer einer eventuell längeren Abwesenheit empfiehlt sich, falls sich keine nachbarschaftliche (und damit vielleicht preisgünstigere) Regelung anbietet, die Inanspruchnahme eines Hausbesorger-Service, der sich um Ihr Objekt kümmert, vor allem auch um Gartenanlagen, die vermutlich einiger Fürsorge bedürfen. Darauf spezialisierte Firmen bieten eine komplette Liegenschaftsverwaltung an, inklusive Reinigungs-, Reparatur- und Gartenservice, Bewachung sowie Beratung bei der Energieversorgung, und sie offerieren sogar Hilfe bei Steuer- und Behördenfragen.

Made in France

Produkte aus französischen Möbeltischlereien und keramischen Manufakturen, aus der Naturstein- und mechanischen Industrie erfreuen sich eines durchweg guten Rufs. Bau- und

Keramik gehört zum traditionellen Gewerbe im französischen Süden.

Einrichtungsspezialisten wie Pinault Bois & Matériaux führen ein ausgezeichnetes Sortiment zahlreicher Markenartikel französischer Herkunft, wobei einer der jährlich herausgegebenen, gut illustrierten Kataloge dieser Kette Ihnen die beste Gelegenheit gibt, das entsprechende Fachvokabular zu lernen, zum Beispiel, was *escalier escamotable*, *volet roulant* oder *faux plafond suspendu* bedeuten.

Seit jeher gelten in Frankreich hergestellte Werkzeuge, Haus- und Küchengeräte als ausgezeichnete Produkte, genial in der Technik und solide in der Ausführung. Die *Moulinette* trat aus Frankreich ihren Siegeszug um die Welt an, zahlreiche weitere Markenartikel wie etwa die seit 150 Jahren hergestellte Peugeot-Pfeffermühle oder die Geräte der Marke Brandt sind ebenso berühmt.

Viele Waren in französischen Geschäften kennen Sie von zu Hause aus. Gartengeräte der Marken Gardenia oder Wolff, Elektrowerkzeuge von Metabo oder Bosch, aber auch Heineken-Bier, Persil-Waschpulver oder Toblerone-Schokolade gehören zum Sortiment in den Supermarktregalen wie die gesamte Kosmetikpalette der pharmazeutischen Weltindustrie oder der Fuji-Film in der Fotoabteilung.

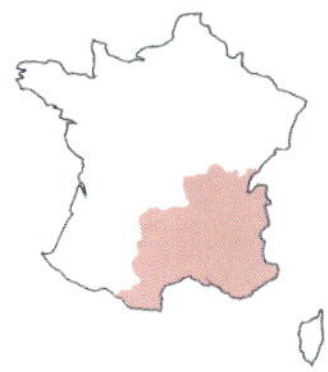

Es lohnt also kaum, den gesamten Hausrat zu importieren, zumal die Anschaffungskosten fast aller Artikel im Rahmen dessen liegen, was man zu Hause auch bezahlt. Bei Elektrogeräten (in Frankreich beträgt die Netzspannung 230 Volt) ist eine Anschaffung vor Ort ohnehin sinnvoller, denn Stecker und Steckdosen sind anders, mal mit zwei, mal mit drei Polen (*prise avec terre*: geerdeter, dreipoliger Stecker). Und wenn Sie eine Reklamation haben, ist der lokale Kundendienst kaum geneigt, einen Garantieanspruch anzuerkennen, der im Ausland einzufordern ist.

Post und Telekommunikation

Die Postzustellung in Frankreich rühmt sich wie die unsere Briefe innerhalb von 24 Stunden zuzustellen. Manchmal klappt das sogar. Die Öffnungszeiten der Postämter sind werktags von 9:00–12:00 Uhr und von 13:30–16:30 Uhr, samstags nur von 9:00–12:00 Uhr.

Das Porto für einen 20-g-Brief beträgt 3,00 Francs (0,46 Euro). Einschreibezuschlag (für Behördensachen stets empfehlenswert): 18 Francs. Noch sind Marken im Umlauf, die nur die französische Währung angeben, ab 2002 werden die *timbres* (die man bekanntlich auch in jedem Tabakladen bekommt) nur mehr auf Euro lauten.

In jedem Post- und Telefontarif tauchen ohne nähere Erklärung jede Menge Abkürzungen auf. Einige entschlüsseln Sie vermutlich bald, andere wie etwa DOM-TOM geben Ihnen möglicherweise Rätsel auf. Das bedeutet Départemets d'Outre-mer und Territoriels d'Outre-mer. Zu den Erstgenannten gehören Guadeloupe, Martinique, Réunion, Mayotte und St.Pierre-et-Miquelon, zur zweitgenannten Kategorie Nouvelle Calédonie, Polynésie Française und Wallis-et-Futuna (jetzt dürfen Sie Ihren Weltatlas bemühen!).

Firmenadressen tragen oft den Zusatz *Cedex*. Diese Bezeichnung kennzeichnet eine Expresszustellung in bestimmten Stadt- bzw. Gewerbezonen. Um in den Genuss dieser Sonderzustellung zu gelangen, genügt es nicht, dort eine postalische

Auf die Post ist in Frankreich Verlass – auch wenn es mal etwas länger als die versprochenen 24 Stunden dauern kann.

Adresse zu haben; für die Nutzung einer Cedex-Adresse muss man sich bei der Post eintragen lassen.

Einen festen Telefonanschluss erhalten Sie bei der *France Télécom* nach Antrag in etwa vier Wochen. Ein bisschen früher schon haben Sie das regionale Telefonbuch der *France Télécom* in Händen (einst hieß es nach dem Verlag *le Bottin*): Sie bekommen es auf jedem Postamt. In den Mobilfunknetzen sind Sie innerhalb von drei bis sechs Tagen mit von der Partie.

Wie in vielen andere Ländern, findet auch in Frankreich ein heftiger Wettbewerb zwischen der nationalen Telefongesellschaft und etlichen anderen Netzbetreibern statt. Eine Vielfalt von Tarifen, die sich nach Zeiten und Entfernungen, nach Gesprächsdauer und Abrechnungspräferenz staffeln, verwirrt den Telekunden mehr als dass sie ihm hilft. Im Angebot an Billig-Handys in Zusammenhang mit Ein- oder Zweijahresverträgen unterbieten sich die Provider und ihre Repräsentanten gegenseitig – wie bei uns.

Die Itineris oder SFR loggt sich normalerweise bei Ihnen auf dem Handy (*portable, mobile*) ein, wie Sie auf dem Display erkennen können. Üblich sind Dualband-Handys (*bibande*), und da seit langem das Benutzen eines Mobiltelefons im Auto ohne Freisprechanlage nicht mehr erlaubt ist, gehört die Freisprechanlage im Wagen, *main-libre* genannt, zu den Selbstverständlichkeiten.

Wenn Sie die hohen Roaming-Auslandsgebühren nicht scheuen, können Sie in Frankreich selbstverständlich ein in Deutschland angemeldetes D1- oder D2-Handy benutzen, ebenso ist bei Dualband-Handys das E-Netz anwählbar. Nur die deutschen B- und C-Mobilnetze können von Frankreich aus nicht benutzt werden.

Zum Telefonieren von öffentlichen Sprechstellen in Frankreich benötigt man keine Münzen mehr, seit es Telefonkarten gibt. Man erwirbt sie zu 49 oder 98 Francs und erhält sie auf Postämtern sowie in den Tabakläden, die auch Briefmarken verkaufen.

Beachten Sie, dass innerhalb Frankreichs die Null sowie die Regional-Kennzahl (1–5) vor der Ortskennzahl zu wählen ist. Die Null lässt man nur weg, wenn man vom Ausland aus anruft. Die Ländervorwahlnummer nach Frankreich lautet 0033. Service- und Infonummern, die man gratis anwählen kann, heißen *numéros verts* oder *numéros azurs* und beginnen mit 08.

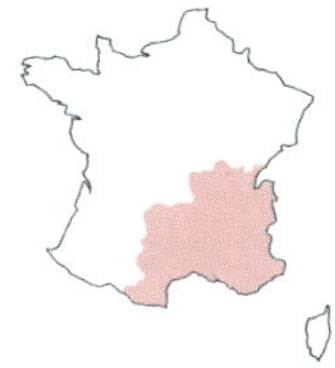

E-Mail und Internet und das nur in Frankreich gebräuchliche *Minitel* zählen längst zu den Kommunikationsmitteln in allen Lebensbereichen. Zwar gehört ein PC in ländlichen Haushalten Südfrankreichs (noch) nicht grade zum Standard, doch die jüngere Generation hat das Internet-Café längst als *passe-temps* entdeckt und gibt viel Geld für Homecomputer und Laptops aus.

Medizinische Versorgung und Versicherungsschutz

Vor allem ältere Menschen orientieren sich bei der Wahl eines neuen Domizils vorsorglich an der Nähe medizinischer Versorgungseinrichtungen. Wo ist die nächste Arztpraxis, die nächste Apotheke, das nächste Krankenhaus? Ärzte aller Fakultäten gibt es in Südfrankreich überall; auf ihre Praxen weisen entsprechende Tafeln am Haus hin. Ihr medizinisch-technischer Standard ist außerordentlich hoch; auch bei den Krankenhäusern ist dies der Fall.

Im Notfall hilft die Ambulanz (in ganz Frankreich gilt die Notfall-Telefonnummer 18) oder das *Croix Rouge* (Rotes Kreuz).

Schutz durch eine umfassende Versicherung ist absolut notwendig. Ob Sie nur zeitweilig in Frankreich leben wollen oder sich dafür entschieden haben, dort permanent zu wohnen: Schließen Sie bereits zu Hause eine private und im Ausland gültige Krankenversicherung ab. Wählen Sie vorsorglich einen vernünftigen Leistungsumfang, erweitern Sie den standardmäßig angebotenen Schutz, wenn dies für die Inanspruchnahme von Leistungen im Ausland notwendig ist. Der Wettbewerb

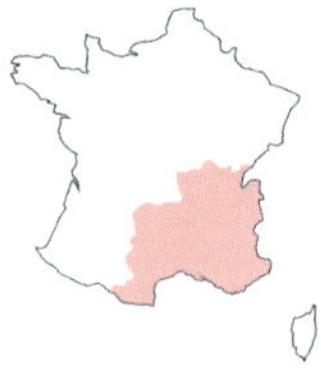

ist groß, ein Vergleichen lohnt. Repräsentanzen der bekannten, in letzter Zeit global fusionierten Gesellschaften gibt es in Frankreich an allen größeren Plätzen. Die Versicherungsunternehmen in Deutschland bieten für Auslandsaufenthalte einen Beratungsservice mit Hotline, auch die populären Automobilclubs wie AvD und ADAC.

Wenn Sie bisher bei einer staatlichen Krankenkasse wie z. B. Barmer oder DAK versichert waren und es auch weiterhin bleiben möchten, also auf eine private Versicherung verzichten wollen, besorgen Sie sich, ehe Sie sich auf einen längeren Auslandsaufenthalt begeben, dort einen »Anspruchsausweis«, schlicht »Formular E 111« genannt. Er gilt bis zu zwölf Monate und ist so etwas wie ein internationaler Krankenschein. Mit dem E 111 können Sie auch stationäre Aufnahme in einem Krankenhaus finden, wenn ein Notfall vorliegt oder der behandelnde Arzt dies anordnet. Werden Medikamente verschrieben, zahlen Sie in der Apotheke nur einen geringen Eigenanteil.

Wenn Sie Ihren Hauptwohnsitz nach Frankreich verlegt haben, sollten Sie – wie eingangs bereits erwähnt – unbedingt die bessere Alternative wählen und sich privat versichern. Allerdings bittet der Herr Doktor oder seine Assistentin Sie bei jedem Besuch sogleich zur Kasse. Wenn Sie nicht im Besitz eines E 111 sind, das die Kostenübernahme durch Ihren Versicherer garantiert, wird man Ihnen auch im Krankenhaus eine sofort zur Zahlung fällige Rechnung präsentieren. Die Vorlage einer spezifizierten und quittierten Rechnung (*feuille de soins*) ist Voraussetzung, um den Betrag – oder einen Teil davon, je nach dem Umfang Ihres Versicherungsschutzes – von Ihrer Versicherung in Deutschland erstattet zu bekommen. Auf das *feuille* sollten Sie auch die Preisetiketten der Medikamente kleben, die man Ihnen verschrieben hat, damit sie auch diese Auslagen zurück erstattet erhalten.

Sie haben die Wahl, die Kostenerstattung durch Ihre Krankenversicherung vornehmen zu lassen, oder sich die Auslagen bei der *Sécurité Sociale* zu holen. Diese erstattet aber nur 75 Prozent der Kosten. Man schickt ihr das *feuille* zusammen mit dem Auslandskrankenschein unter Angabe der Bankverbindung zu (Adresse siehe Anhang). Ärzte, die als »Kassenärzte« der *Sécurité*

Sociale angehören, weisen sich auf Ihrem Schild an der Tür mit dem Zusatz *conventionné* aus.

Die vom AvD und vom ADAC ausgegebenen AIT-Schutz- bzw. Kreditbriefe (AIT = *Alliance Internationale de Tourisme*) enthaltenen Leistungsangebote gelten nicht nur für Ferienreisen ins Ausland, sondern schützen Sie auch auf jeder anderen Fahrt. Wenn Sie also mehrmals im Jahr nach Frankreich fahren, sind Sie für eine durchgehende Aufenthaltsdauer bis zu jeweils drei Monaten (92 Tage) – und das nicht nur einmal im Jahr – gut behütet. Bei Verkehrs- oder auch anderen Unfällen, Krankheiten oder sonstigen unverschuldeten Notlagen kann der Schutz/Kreditbrief ein wertvolles Sicherheitspolster darstellen. Für 30 Mark Zusatzprämie zur ADAC-Plus-Mitgliedschaft verspricht der Club optimalen Schutz im Krankheitsfall.

Als Angestellter einer deutschen Firma, in deren Auftrag Sie sich beruflich maximal 12 Monate in Frankreich aufhalten, genießen Sie im Rahmen des Sozialversicherungsabkommens, das zwischen den Staaten des Europäischen Wirtschaftsraums besteht, auch überall im Ausland Krankenversicherungsschutz.

Ihre Beschäftigung unterliegt somit auch in Frankreich den deutschen Rechtsvorschriften über die Versicherungspflicht. Gleichwohl ist es auch in diesem Falle ratsam, eine private Zusatzversicherung abzuschließen. Sollten Sie Auskünfte über einen solchen Schutz wünschen, wenden Sie sich an den Verband der Privaten Krankenversicherungen (Anschrift im Anhang).

Wer seinen ersten Wohnsitz in Deutschland hat, ihn beibehält und bei einem deutschen Arbeitgeber oder einem im EU-Ausland einen Job im Rahmen des 630-Mark-Gesetzes ausübt, sollte nicht versäumen, hierüber seine Krankenkasse ebenfalls in Kenntnis zu setzen. Dort wird geprüft, ob der Arbeitgeber für Sie Sozialversicherungsbeiträge abführen muss. Wichtig: Dieses Gesetz sieht in der Sozialversicherung keine Trennung zwischen Haupt- und Nebenverdienst vor; nach der neuen Rechtslage werden die Beschäftigungen zusammengerechnet. Übrigens kann ein beitragsrelevanter 630-Mark-Job im Ausland auch im Hinblick auf die Rente interessant werden, denn durch zusätzliche Entgeltpunkte auf Ihrem Rentenkonto können sich spätere Leistungsansprüche aus der Rentenversicherung erhöhen.

Übrigens: Wie bei uns gibt es in Frankreich einen Apotheken-Notdienst an Sonn- und Feiertagen. Die Adresse der Diensthabenden *pharmacie* finden Sie in der Tür der Apotheke, an die Sie eventuell vergebens geklopft haben...

Rentenbezug im Ausland

Wer sich als Bezieher einer Rente in Deutschland länger als ein halbes Jahr im Ausland aufzuhalten pflegt und sich auch die Rente ins Ausland überweisen lässt, sollte ein paar Bestimmungen kennen, die von der Bundesanstalt für Angestellte (BfA) erlassen wurden und Rechtskraft besitzen.

So könnte unter bestimmten Umständen sich eine bereits bewilligte Rente bei Verlegung des gewöhnlichen Wohnsitzes ins Ausland mindern oder sogar wegfallen. Es kommt auf den Einzelfall an; eine genaue Erkundigung ist ratsam.

Eine Rente wegen Berufsunfähigkeit wird in voller Höhe nur weiter gezahlt, wenn diese ausschließlich auf dem Gesundheitszustand des Berechtigten beruht. Versicherte, die bis Ende 1983 eine Beitragszeit von mindestens 60 Kalendermonaten absolviert haben und die wegen einer Verlegung ihres Wohnsitzes ins Ausland zur deutschen Rentenversicherung keine Pflichtbeiträge mehr einzahlen, können sich den Anspruch auf eine Rente wegen Berufs- oder Erwerbsunfähigkeit nur durch die laufende Zahlung von freiwilligen Beiträgen erhalten.

Die volle Altersrente erhält im Ausland nur, wer ausschließlich im Bundesgebiet seine Beiträge voll eingezahlt hat. Soweit Beitragszahlungen vor Juni 1990 auch außerhalb des Bundesgebietes geleistet wurden, kann es zu einer Verminderung der Zahlung kommen. Das bedeutet für Beitragszahler in den neuen Bundesländern, dass ihre Beitragszeiträume anders bewertet werden. Die Zahlung eines in der Inlandsrente enthaltenen Beitragszuschusses zu den Aufwendungen für Kranken- bzw- Pflegeversicherung und eines Kinderzuschusses entfällt bei der Verlegung des gewöhnlichen Aufenthalts ins Ausland ebenfalls.

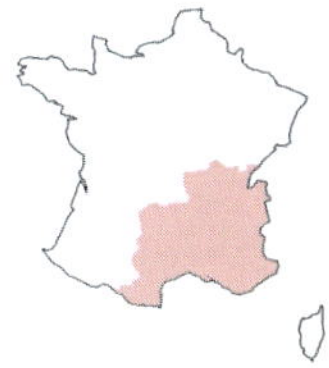

Die Zahlung der Rente kann ohne weiteres auf das Konto einer Bank in Frankreich transferiert werden. Die rechtzeitige Meldung an die BfA über die Verlegung des Wohnsitzes ins Ausland und über die neue Bankverbindung hilft Zahlungsverzögerungen ersparen. Einmal im Jahr erhält der Empfänger durch die Deutsche Post AG im Auftrage der BfA eine vorbereitete Erklärung zum Weiterbezug der Rente. Man will sicher gehen, dass der Rentenempfänger noch am Leben ist. Jede Änderung des Aufenthaltsortes, des Familienstandes und der Staatsangehörigkeit sind der BfA umgehend mitzuteilen.

Wer während eines längeren Auslandsaufenthalts auf eine monatliche Überweisung auch auf ein Konto zu Hause verzichtet und stattdessen den angelaufenen Betrag lieber bei seiner Rückkehr nachträglich in einer Summe erhalten möchte, kann hierfür ebenfalls optieren – allerdings wird der Geldstau nicht verzinst. Die Ersparnis ist auch nur gering, sie beträgt 10,67 Euro pro Monat: 7,67 Euro (DM 15,18) wird für eine Überweisung ins Ausland berechnet, auf monatlich 3 Euro belaufen sich die Kontoführungsgebühren für den Rentenbezug bei Ihrer französischen Bank.

Gastronomie, Essen und Trinken

Ihnen etwas über die kulinarischen Besonderheiten Frankreichs beibringen zu wollen, hieße womöglich Kaninchen in die Wälder der Auvergne tragen. Wo man die besten *crêpes* oder *carrées d'agneau* bekommt, finden Sie am besten selbst heraus und lassen sich dabei von kompetenten Gastronomieführern beraten. Gleiches gilt für die Weine Südfrankreichs, die in ihrer unendlichen Vielfalt zu verkosten ein Leben nicht reicht.

Sie haben es längst selbst registriert: Auch in einfachsten Restaurants erhält der zum Diner erscheinende Gast eine Stoffserviette. Nur in dem vom Tourismus strapazierten Urlaubsmetropolen hat man die Unsitte eingeführt, Papierservietten anzudienen – entsprechende Enttäuschungen bereitet dann meist auch die Küche. Dort, wo Esskultur gepflegt wird, liegen weiße Tischtücher, gehören mindestens zwei Gläser zum Standardgedeck und kommt unaufgefordert eine Karaffe

la Chaumière
E FLUMET
79.31.69.13

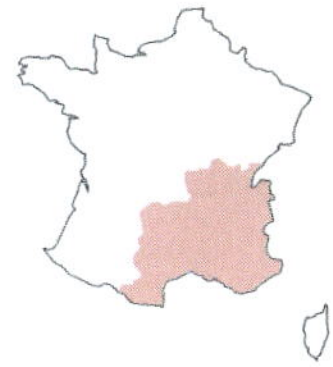

mit Wasser auf den Tisch. Nur zum Frühstück – es besteht ja ohnedies meist nur aus einer Schale Milchkaffee und ein paar Croissants oder Brioches – und zum Mittagessen im Bistro wird statt der Tischdecke ein Quadratmeter Papier aufgelegt. Was immer darauf gekleckert, gekrümelt, gemalt wird, fällt nach dem *café express* der Entsorgung anheim.

Sie müssen nicht immer ein komplettes Vier-Gänge-Menü bestellen, auch wenn dies zum Ritual gehört, das beinahe jeder Franzose beim Diner durchzieht. Eine Kleinigkeit tut's auch. Die á-la-carte-Auswahl bietet auch etwas für den kleinen Hunger, und einen Korb Brot gibt's sowieso dazu. Wenn Sie nicht ausdrücklich andere Wünsche äußern, gehören Pommesfrites zur Standardbeilage.

Im Nachgang auf eine Portion Käse zu verzichten, wäre ein Versäumnis: Von den mehr als 400 Sorten, die in Frankreich produziert werden, sollten Sie nicht nur mindestens vier oder fünf stets im Kühlschrank haben, sondern ein paar Happen regionaler Spezialitäten auch als Abschluss einer jeden Mittags- oder Abendmahlzeit genießen.

Das Studium der Speisekarte wird Ihnen schon bald nicht mehr schwer fallen. Vertrauen Sie auf örtliche Spezialitäten und auf den Zusatz *»à la maison«*: Das bedeutet »nach Art des Hauses« und enttäuscht den Gourmet gewöhnlich nie.

Über den Umweg durch nördlichere Länder Europas, allen voran Deutschland, hat sich auch in Frankreich die Pizza zu einem Kultfutter entwickelt, das überall im Midi erhältlich ist. Sicher hat die Vielzahl der angebotenen Varianten nicht mehr viel mit der neapolitanischen Ur-Pizza (und schon gar nichts mit einer genau so bezeichneten Backware, die massenweise in den USA verzehrt wird) zu tun. Das Angebot an Sandwiches und *Croque-Monsieur* am Tresen einer Bar ist von unterschiedlicher Vielfalt und erreicht nie die Dimensionen der (allerdings meist sehr süßen) Köstlichkeiten einer guten *Pâtisserie*. Für einen Imbiss zwischendurch suchen Kenner am liebsten eine *Crêperie* auf, immer noch die reizvollste aller Fast-Food-Versorgungsstationen.

Unverzichtbar ist der Espresso, in Frankreich als *express* bezeichnet, nach einer Mahlzeit – ganz gleich, ob sie nun klein oder groß ausfiel. Es gibt ihn auch koffeinfrei. Den Espresso-

Linke Seite:
Bon appétit! Hier speisen ganz gewiss nicht nur Touristen.

Einkaufen auf dem Wochenmarkt: Auch Textilien bekommt man dort sehr preiswert.

profi erkennen Sie daran, dass er keinen *double* (doppelten) bestellt, das Zuckertütchen mit Daumen und Zeigefinger an einer der vier Ecke anfasst und sehr lange schüttelt, ehe er es öffnet. Brauner oder weißer Würfel- bzw. offener Streuzucker tut's auch. Es ist nicht üblich, sich nach dem Mittagessen einen Cognac zu genehmigen: Der Konsum hochprozentiger Sachen vor 19 Uhr wird eher als eine teutonische Sitte gewertet.

Trinkgelder: Wie fast überall, so sind sie auch in Frankreich eine Sache des individuellen Ermessens. 10 bis 15 Prozent von der Rechnungssumme sind üblich. Übrigens erhalten Sie heutzutage so gut wie überall in Frankreich eine detaillierte, maschinenausgedruckte *addition*.

Als Selbstversorger werden Sie das Lebensmittelangebot im französischen *alimentation* (oder auch Supermärkten) für einen abwechslungsreichen Küchenzettel zu nutzen wissen. Bis Sie sämtliche regionale Spezialitäten vom *ratatuille* bis zu einer *gigot d'agneau* nachzukochen versucht haben, wird viel Zeit vergehen. Und sicher noch etwas mehr, bis Sie Ihre Lieblingsweine entdeckt und sich bei deren Lieferanten als Kenner der köstlichen Materie profiliert haben. Vom einfachen *Côtes de Provence*

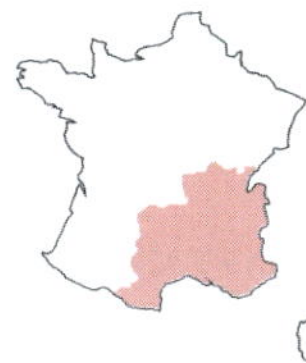

bis zum *Costières du Gard*, vom köstlichen *Collioure* bis zum feurigen *Fitou* ist die Auswahl immens.

Lebensmittel aus biologischem Anbau setzen sich zunehmend durch. So gut wie auf jedem Wochenmarkt finden Sie Stände, die Obst, Gemüse, Wein, aber auch Käse und Wurstwaren »bio« offerieren. Man unterscheidet dabei nach vier Qualitätskategorien. Viele Lebensmittel tragen Herkunftsvermerke: *Origine France, fabriqué en France, transformé en France, importé d'Italie...*

Apropos Wochenmarkt: An jedem Werktag ist in irgend einem Fleck Markt. Hier einzukaufen, macht nicht nur Spaß, sondern erlaubt Vergleichen und Handeln – Letzteres kurz vor Schluss, wenn die Marktbeschicker den Inhalt ihre letzten Obst- und Gemüsesteigen billiger hergeben, damit sie die Ware nicht unverkauft wieder mit nach Hause nehmen müssen.

Auto: Mitnehmen oder in Frankreich kaufen?

Vermutlich werden Sie Ihren zu Hause gekauften, zugelassenen und versicherten Wagen auch in Frankreich benutzen wollen. Wenn Sie sich nicht mehr als sechs Monate im Jahr in diesem Land aufhalten, gibt es keinen Grund, das Auto ab- und in Frankreich anzumelden. Und selbst wenn es ausnahmsweise einmal ein siebenter oder achter Monat ist, den Sie (vielleicht mit kurzen Unterbrechungen) damit in Frankreich umherfahren, interessiert sich niemand dafür.

Ab- und in Frankreich wieder Anmelden ist ein umständlicher Prozess. Autobesitzer, die ihn auf sich nehmen wollen, müssen ihren Wagen bei der Zulassungsstelle zu Hause regulär abmelden, die Kennzeichen abliefern und die Zuteilung eines Exportkennzeichens beantragen; das Paar kostet in Deutschland DM 50 plus DM 65 Verwaltungsgebühr. Die Gültigkeit der Exportkennzeichen beträgt sieben bis zehn Tage im Heimatland, danach vier Wochen im Ausland bis zur Anmeldung am dortigen Wohnort. Nur reichen diese vier Wochen meist nicht aus, um die Neuanmeldung durchzuführen.

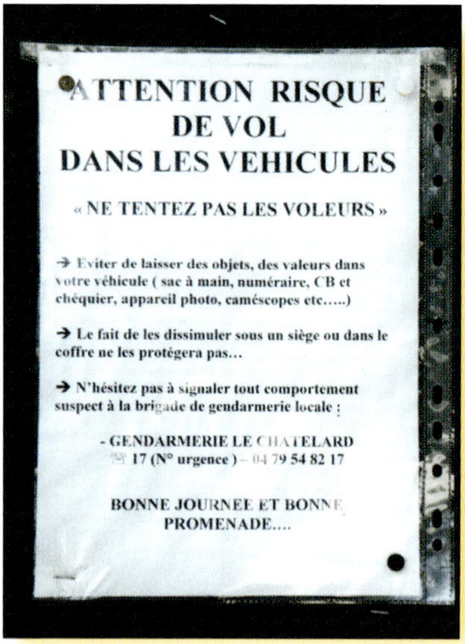

Autoklau: Die Präfektur weist vorsorglich darauf hin, wie man sich schützen kann.

Zunächst müssen Sie für Ihren importierten Wagen einen Nachweis erbringen, dass beim Kauf die Mehrwertsteuer bezahlt wurde. Das geht aus einem *certificat d'acquisition* hervor, das Sie vom Finanzamt an Ihrem künftigen Wohnsitz bekommen, sofern Sie dort die Originalrechnung vorlegen können, aus der das ersichtlich ist. Fahrzeugbrief und -schein müssen ebenfalls vorgelegt werden. Mit einem geleasten Wagen können Sie das natürlich nicht machen, denn er gehört faktisch nicht Ihnen, sondern der Leasinggesellschaft.

Wenn Sie zur Zulassungsstelle fahren, um die Ummeldung durchzuführen, benötigen Sie außer den Originalpapieren, dem *certificat d'acquisition* und der Originalrechnung, dem *ceritificat de vente*, einen Identitätsnachweis für das Fahrzeug. Sie trägt die schöne Bezeichnung *attestation d'intification conforme de type*. Dieses Dokument kann nur der Hersteller des Fahrzeugs oder der Importeur in Frankreich ausstellen. Dazu müssen Sie die Kundendienstabteilung eines größeren Händlers bemühen. Und viel Geduld haben. Am besten kümmern Sie sich darum bereits vor dem Abmelden bzw. dem Abholen der Zollkennzeichen.

Auf der *Préfecture* bekommen Sie ein Formblatt mit der Nummer 47-0204. Es ist der Antrag auf Erteilung eines Kennzeichens (*demande d'immatriculation*). Aber das ist noch nicht alles, um ein Fahrzeug ummelden zu können. Man verlangt von Ihnen einen Nachweis, dass Sie in Frankreich wohnen (zum Beispiel eine auf Ihren Namen ausgestellte Strom- oder Gasrechnung) und – besonders wichtig – den Prüfbescheid des französischen TÜV, der *Contrôle Technique* (entfällt bei Motorrädern sowie bei Fahrzeugen, die noch keine vier Jahre alt sind). Die *C.T.* ist nach dem Organisationsschema der Dekra aufgebaut und prüft äußerst gewissenhaft.

Mit dem Prüfbescheid, einem Versicherungsnachweis und sämtlichen anderen aufgezählten Papieren, die Sie an Ge-

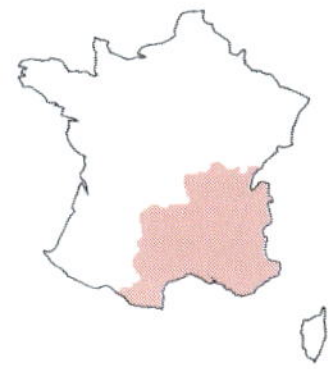

bühren bis jetzt so um die 400 bis 500 Francs ärmer gemacht haben, müssen Sie die zuständige *Préfecture* oder *Sous-Préfecture* aufsuchen, wo Sie die *Carte Grise* bekommen – so nennt sich der französische Fahrzeugschein, der zugleich Brief ist. Dort kassiert man von Ihnen auch die fälligen Steuern: jährlich 185 Francs pro Steuer-PS. Dieser fiskalische Begriff hat in Frankreich eine lange Tradition und erklärt, warum so viele Autos französischer Herkunft eine Zahl im Modellnamen tragen (Citroën 2 CV, Renault 12). Wie viel *chevaux fiscaux* Ihr Fahrzeug hat, verraten die entsprechenden Rubriken der großen Autozeitschriften.

Fahrzeuge, die ein Alter von fünf Jahren erreicht haben, kommen mit dem halben Steuersatz davon. Das erklärt die große Nachfrage nach guten Gebrauchtwagen. Da die Kraftfahrzeugsteuer – anders als in Deutschland – nicht berücksichtigt, ob der Motor des Wagens einen Katalysator aufweist oder nicht, werden ältere, Kat-lose Autos noch in großer Zahl angeboten.

■ **Autokauf in Frankreich.** Der vorstehend beschriebene Prozess ist in der Praxis sehr hürdenreich und kann sich über Monate hinziehen, vor allem, wenn man ihn auf dem Postweg erledigt, was bis auf die C.T.-Prüfung theoretisch möglich ist. Sollte man also doch lieber einen Wagen in Frankreich kaufen? Bei einem Neufahrzeug wird der Händler Ihnen alles abnehmen, was es an Formalitäten zu erledigen gilt, nur müssen Sie akzeptieren, dass durch die höhere Mehrwertsteuer (TVA) auch die Endpreise höher sind. Mehr als 5 Prozent Nachlass sind der Regel kaum auszuhandeln.

Auf dem Gebrauchtwagenmarkt herrscht wegen der Steuerermäßigung für ältere Autos ein geringeres Angebot als beispielsweise in Deutschland. Besonders gefragt sind Dieselmodelle, die meist um die Hälfte höher gehandelt werden als in Deutschland oder in der Schweiz. In Anbetracht ständig steigender Spritpreise wird Sparsamkeit im Verbrauch sehr geschätzt. Kein Wunder, dass französische Dieseltechnik einen sehr hohen Standard erreicht hat.

Die Prämien für die Haftpflichtversicherung staffeln sich nach verschiedenen Kriterien – wie bei uns. Für einen 1,8-Li-

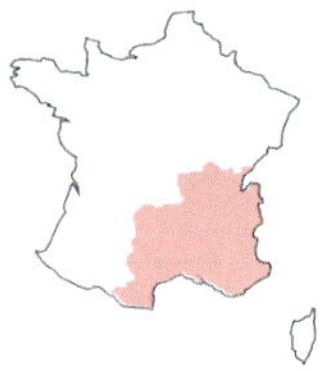

ter-Pkw kommt man auf etwa 2000 bis 2500 Francs Jahresprämie, eine Vollkaskoversicherung (*assurance tous risques*) rangiert bei 4500 bis 5000 Francs.

Deutscher, französischer oder EU-Führerschein?

Wer als Zuzügler permanent in Frankreich lebt, sollte sich dort binnen Jahresfrist seinen Führerschein umschreiben lassen. Bei etwaigen Kontrollen geht man damit Problemen aus dem Wege. Jedoch gilt die bisherige Fahrerlaubnis für diejenigen, die sie in einem Land der Europäischen Union (*comunautés européennes*) erworben haben, auch weiterhin. Einen Umtauschzwang gibt es nicht, denn nach der EU-Richtlinie 91/439/EWG, Führerscheine betreffend, müssen sämtliche national geltenden Dokumente auch von den Behörden der anderen Mitgliedsstaaten anerkannt werden. Eine entsprechende Entscheidung ist von der EU-Kommission in Brüssel mit Datum vom 21. März 2000 getroffen worden, bekannt gegeben unter dem Aktenzeichen K (1999) 511/2000/275/CE.

Haben Sie sich Ihren Führerschein bereits zu Hause gegen jenen neuen, im Jahre 1999 eingeführten EU-einheitlichen Fahrausweis eingetauscht, der nur noch die Größe einer Scheckkarte hat und ein Dokument ist, das in allen Staaten der Europäischen Union anerkannt wird, entfallen jegliche Umtauschaktionen und vor allem auch Diskussionen mit Polizeibeamten, die ein Hinweis auf Brüsseler Aktenzeichen nicht im Mindesten interessiert. Mit dem neuen Führerschein im Miniaturformat verfügen Sie über eine Fahrerlaubnis von grenzübergreifender Gültigkeit, die kein *flic* (Polizist) anzweifelt.

Die neuen EU-Führerscheinklassen umfassen die Kategorien A, B und C sowie diverse Untergruppen. Die Ausstellung kostet knapp 50 Mark und vier Wochen Geduld. Der ADAC rät zum Umtausch, wenn der vorhandene Führerschein mit einem sehr alten Foto versehen ist oder Eintragungen nicht mehr gut lesbar sind.

Wenn Sie Ihren Führerschein in Frankreich schnell loswerden möchten, verhilft Ihnen dazu eine polizeiliche Verkehrskontrolle, falls sie bei Ihnen einen Blutalkoholgehalt von mehr als 0,5 Promille feststellt. Trunkenheit am Steuer wird trotz liberaler Einstellung, die den Genuss von Wein beim Essen betrifft, schwer bestraft.

Öffentliche Verkehrsmittel, Flugverbindungen

Viele Franzosen bekennen sich zwar mit Leidenschaft zum Autofahren, dennoch sind viele von ihnen auf die Bahn (SNCF) angewiesen. Bahnfahren erfreut sich in Frankreich relativ großer Beliebtheit und bietet sich als komfortable Alternative an, wenn man regelmäßig lange Strecken zurücklegen muss. Der Littoral-Express »Metrazur« und vor allem die TGV-Züge von Paris in den Süden, wesentlich komfortabler als der ICE, verleihen Ihrer Fernreise eine ganz neue Qualität. Eine Fahrt durch das Rhônetal (Platzreservierung ist im TGV obligatorisch) ist ebenso erlebnisreich wie etwa von St.-Cyr-sur-Mer nach Menton. In Frankreich muss man sein Ticket vor dem Einsteigen entwerten (*composter son ticket*), auf dem Zugang zu den Bahnsteigen befinden sich hierfür orangefarbene Apparate.

Der morgendliche Vorort-Bahn- und Busverkehr im Einzugsbereich größerer Städte spielt sich in Frankreich nicht sehr viel anders als in jedem anderen Industrieland ab. Würden deren Teilnehmer sämtlich auf ihren eigenen zwei oder vier Rädern zur Arbeit pendeln, wäre es um den Straßenverkehr im Ballungsbereich der Metropolen schlimmer bestellt.

Abenteuerlich wird es allerdings, wenn bei den Verkehrsbetrieben gestreikt wird. Dann bricht der Straßenverkehr während der Spitzenzeiten morgens und abends regelmäßig zusammen. Aber auch damit werden die Franzosen fertig...

Immer mehr Geschäftsleute, bei denen der Zeitfaktor von ausschlaggebender Bedeutung ist, bedienen sich des innerfranzösischen Flugnetzes, versorgt von Aigle Azur bis Air Littoral, von AOM bis Air Liberté.

Der Flughafen Nice-Côte d'Azur gehört mit seinem hohen Verkehrsaufkommen zu den meistfrequentierten im Mit-

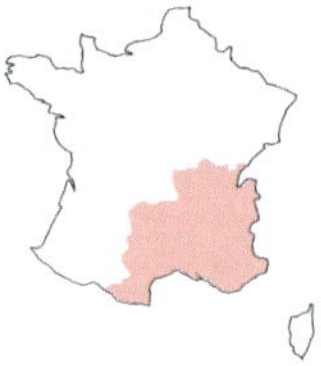

telmeerraum. Acht Millionen Passagiere wurden hier 1999 gezählt, 50 Gesellschaften von Aeroflot bis Lauda-Air, von der Lufthansa bis zu den Superspar-Carriers der Briten fliegen ihn an: Rund 90 Destinationen stehen auf dem Flugplan. Es gibt einen Helikopterservice nach Monte-Carlo, Cannes und St.-Tropez. Wer sich über Details informieren möchte, erhält sie übers Internet: *www.nice.aeroport.fr.*

Je nach Ihrem künftigen Standort im Midi kommt auch der Flughafen St.-Tropez-la-Mole infrage (wird auch von der Lufthansa angeflogen), ferner der Privatflughafen Cannes-Mandelieu (keine Linienflüge) oder der Aeroport Marseille-Provence.

Für die Taxifahrt zu regionalen Zielen zahlt man etwa den gleichen Kilometerbetrag wie bei uns, manchmal auch weniger. Sicherheitshalber sollte man sich über den Tarif vor Antritt der Fahrt erkundigen. Eine Quittung wird vom Taxifahrer in Frankreich nur selten verlangt, deshalb führt er im Allgemeinen auch keinen Quittungsblock bei sich.

Für den, der mehr oder weniger regelmäßig nach Südfrankreich fliegt, lohnt ein Buchen mehrerer Flüge rechtzeitig im Voraus mit dem Vorteil, Sparangebote nutzen zu können. Bei einigen Airlines gibt es übrigens interessante Spezialtarife, die nicht jedes Reisebüro offeriert, sofern man nicht ausdrücklich danach fragt.

Kulturelles Angebot, Sport und Freizeit

Wenn Sie eine Schwäche für eine bestimmte Sportart hegen, vielleicht sogar aktiv Jogging, Radsport, Golf oder Tennis betreiben, finden Sie bei Ihren französischen Amateurkollegen Anschluss. Gemeinsame sportliche Interessen verbinden, und diese Verbindungen können für Sie auch in vieler anderer Beziehung – gesellschaftlich, nachbarschaftlich, geschäftlich – positive Auswirkungen haben.

Erkundigen Sie sich, wenn Sie sich eingelebt haben, nach der Möglichkeit einer Clubmitgliedschaft und scheuen Sie sich nicht, Einladungen zu einem lokalen *competition* anzunehmen.

Sie müssen Sport nicht unbedingt in Wettkampfmanier ausüben, nur weil einige Ihrer französischen Freunde sich in aller Bescheidenheit als Profis bezeichnen und Sie herausfordern möchten. Wenn Ihnen sportliche Betätigung mehr zur körperlichen und geistigen Erbauung dient, werden Sie sicher gleich gesinnte Partner finden. Übrigens: Am Littoral gibt es jede Menge gepflegte Golfplätze (allein 20 zwischen Toulon und Ventimiglia) sowie unzählige Yacht- und Tennisclubs.

La pêche: **Aber bitte nicht mehr als drei 25 cm lange Forellen pro Tag und Angler!**

Dordogne, Gard, Ardèche, Tarn und andere Stromläufe des Südens sind klassische Kanusportreviere. Bergsteigen und Bergwandern erfreuen sich ebenso großer Beliebtheit. Athletik, Tennis-Tournaments, Karting, Fußball, Radsport – bis hin zum Formel-Eins-Festival anlässlich des Grand Prix de Monaco und etlichen Varianten von Abenteuersport wird alles geboten, was den Adrenalinspiegel ansteigen lassen könnte.

Südfrankreich bietet ein Kulturangebot, das vielen Ansprüchen gerecht wird. Liebhaber klassischer Musik oder des Jazz, der Folklore oder der Oper kommen ebenso auf ihre Kosten wie Kinofreunde oder Bewunderer historischer Baukunst. Noch immer ist übrigens der klassische Baedeker *der* Führer zu den Stätten architektonischer und musealer Kostbarkeiten.

Im Großraum der Städte Nizza, Perpignan, Avignon, Arles, Nîmes, Carcassonne, Menton und vieler anderer ist das kulturelle Angebot besonders umfangreich. Aber selbst in kleinen Orten finden das Jahr über Theateraufführungen und Konzerte statt, Antiquitätenmessen, Weinfeste und Freilichtspiele. Auch in kleineren, privaten Kreisen, so werden Sie bald feststellen, spielt sich viel ab: Vorträge, Vernissagen, Festivitäten mit Kindern. An der Côte d'Azur können sich Deutsch sprechende Bewohner und Besucher in der Zeitung »Riviera-Côte d'Azur« über das weit gefächerte Veranstaltungsangebot informieren. Die ausgezeichnet aufgemachte Publikation erscheint monatlich und gilt zwischen La Spezia im Osten und Montpellier im Westen als beliebtes Kommunikationsmedium aller deutschsprachigen Bewohner.

Kultur und Geschichte ihres Landes genießen im Bewusstsein der Franzosen eine hohe Wertigkeit, aber das Vergnügen darf nicht zu kurz kommen. Die Zahl der Festtage mit lokaler Bedeutung ist groß, und wenn es sich meist auch um religiöse Besinnungs- und Gedenktage handelt, bieten sie Anlass zum Feiern, Fröhlichsein und Flanieren in netter Gesellschaft. Unter der Formel *Son et Lumière* (Klang und Licht) zelebrieren Veranstaltungsprofis in ganz Frankreich aufregende Spektakel an historischen Stätten – immer wieder sehens- und hörenswert!

Jedes *Syndicat d'Initiative* sagt Ihnen, wo solche Aufführungen stattfinden. Und das traditionsreiche Treffen der Sinti und Roma in Saintes-Maries-de-la-Mer, der Karneval von Nizza mit seinen Blumenschlachten und pyrotechnischen Sensationen, das Brückenfest in Avignon sind Highlights, die an gekonnter Dramaturgie oder beeindruckender Dramatik (oder an beidem) nichts zu wünschen übrig lassen.

Über kurz oder lang sind Sie dabei, geben selbst Ihr erstes Fest. Eine Hauseinweihung ist ein passender Anlass. Je mehr Einheimische auf Ihrer Liste stehen, desto besser. Bitten Sie aber einen Franzosen den Text aufzusetzen! Sorgen Sie für gute Musik (live ist besser als Konserve: Irgendwer wird schon ein Instrument spielen!), vergessen Sie nicht den Bürgermeister einzuladen – er wird seinen Stellvertreter schicken – und beschränken Sie sich in puncto Essen und Trinken auf Regionales unter Verzicht auf Würstchen und Kartoffelsalat, importierten »Bölkstoff« oder Tütenchips.

Viel Eindruck machen selbst gebackene Kuchen und eine gute Auswahl *eaux de vie* – und fragen Sie angelegentlich nach den Regeln des Boulespiels. Damit gewinnen Sie das Herz eines jeden Franzosen aus dem Midi.

Für den Fernsehanschluss zahlte man in Frankreich 750 Francs pro Jahr. Mit 450 Francs begnügt sich der Staat, wenn Sie sich mit einem Schwarzweißempfänger zufrieden geben. Einige französische Fernsehsender strahlen ihre Programme rund um die Uhr aus. Die bei uns üblichen Antennen zum Fernsehempfang »schmücken« seit Jahrzehnten auch die mediterranen Mönch-und-Nonne-Dachlandschaften in Frankreich. Der Empfang ist – geographisch/topographisch bedingt – von unterschiedlicher Qualität; die Programme sind es, allerdings aus anderen Gründen, ebenfalls.

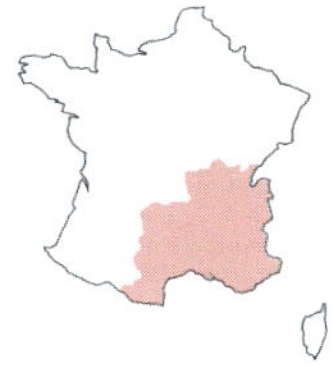

Einkaufen und Lebenshaltungskosten

Von der Vorstellung, in Frankreich sei alles bedeutend billiger als zu Hause, haben Sie sich wohl schon bei einer ihrer letzten Urlaubsfahrten in den Süden getrennt. Dennoch: Wenn man alle Einzelposten des Lebenshaltungsindex zusammen nimmt, kommt man in ländlichen Gegenden am Ende doch etwas günstiger als in Deutschland oder in der Schweiz weg. Die Differenz beträgt etwa zehn Prozent.

Schon bevor Sie Besitzer eines Anwesens in Frankreich werden und sich dort einzurichten beginnen, sollten Sie ein paar Preisvergleiche anstellen. So können Sie ermitteln, was sich von daheim mitzunehmen lohnt und was nicht. Aber auch, um sich einmal ein Bild von den Preisen für die Waren des täglichen Bedarfs zu machen, lohnen ein paar Stunden in den Supermärkten (einige heißen *Casino* – aber die einzigen Chips, die man hier kaufen kann, werden aus Kartoffeln hergestellt), in Fachgeschäften und Baustoffhandlungen. Vergleichen Sie vor allem Sonderangebote. Einführungsofferten werden als *promotion* oder *prom* bezeichnet, jeder Ausverkauf mit *soldes*. Billigwaren ab Lager kaufen heißt *vente direct, stock* oder *stoc* (»Direktverkauf«).

Die riesigen Bau- und Einrichtungsmärkte, wie sie zum Beispiel an der Peripherie von Fréjus (aber auch anderenorts) zu finden sind, bieten von der Stecknadel bis zum kompletten Fertighaus alles, was der Mensch außer Nahrung und Kleidung zum Leben braucht. Diese Riesenshops sorgen wie bei uns für den Garaus des Einzelhandels. Supermärkte wie die der Kette F. Leclerc bestimmen weitgehend die Einkaufsgewohnheiten in Stadt und Land. Wie beruhigend, dass es nach wie vor die Wochenmärkte gibt; ihre Organisation obliegt den regionalen Landwirtschaftskammern (*maisons d'agriculture*), die auch für den Kalender der *»Marchés des Producteurs de Pays«* zuständig sind. Und in einigen Gegenden sieht man zuweilen den Kleinlaster als fahrenden Tante-Emma-Laden. Er sucht einmal

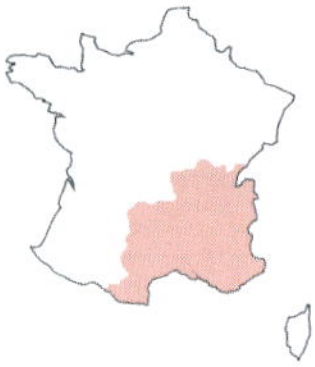

in der Woche zu festen Zeiten besonders entlegene Winkel der Region auf.

Das Angebot an nichtalkoholischen Getränken ist in Frankreich enorm und fast ebenso groß wie das an Wein und Schaumwein. Sie werden erstaunt sein über den hohen Preis des Champagner: Im Land, wo er produziert wird, kostet er mehr als im Ausland. Aber der Franzose trinkt auch seltener Schampus als vergleichsweise sein britischer Nachbar, und wenn's schon sprudeln soll, ist ein herber *Cidre* ja auch nicht zu verachten. Dafür verzehren die Franzosen noch immer mehr Gänseleberpastete (vorzugsweise aus Périgord) als Vertreter andere Nationen.

Vergleichen Sie einmal einige Durchschnittspreise aus dem Einzelhandel in Frankreich (der sämtliche Preise heute auch in Euro auszeichnet) mit denen zu Hause. Die nachfolgend aufgeführten Produkte sind Beispiele aus einem gepflegten Supermarkt in Grasse (Stand Oktober 2000):

Rechte Seite: Es gibt sie noch, die kleine Tante-Emma-Boulangerie in der Kleinstadt.

▶ Preisbeispiele

500 g Brot (Baguette)	F 10.00 (1,52 Euro)
500 g Kaffee »Nectar«	F 23,90 (3,64 Euro)
1 Liter Olivenöl »Pouget«	F 32,45 (4,95 Euro)
200 g Chèvre Käse	F 11,10 (1,69 Euro)
200 g Käse Bresse Bleue	F 10,32 (1.57 Euro)
200 g Entenpastete	F 7,98 (1,22 Euro)
200 g Mortadella	F 14.00 (2,13 Euro)
1 kg Rindersteak	F 44,50 (6,78 Euro)
1 kg roher Schinken	F 52,90 (8,06 Euro)
1 kg Krabben, tiefgekühlt	F 80,00 (12,20 Euro)
800-g-Packung Tortellini mit Krabben	F 24,90 (3,79 Euro)
1 kg Backpflaumen	F 20.00 (3,04 Euro)
1 kg Tomaten	F 9,95 (1,52 Euro)
1 Literflasche Coca-Cola	F 3,79 (0,58 Euro)
1 Dose Heineken Bier (0,25 l)	F 2,55 (0,39 Euro)
0,75 l Cidre Normand	F 6.95 (1,06 Euro)
1,5 l Reinigungsmittel Mr. Propre	F. 19,80 (3,02 Euro)

BOULANGER
patissier
Avenue
de La Résistance
235
Roger

So spart man Geld: Es zahlt sich aus, im Supermarkt fleißig Gutscheine zu sammeln.

Alle Supermarktketten versuchen, ihre Kunden durch attraktive Serviceleistungen an sich zu binden. Bei Aramis zum Beispiel bekommen Sie eine Kundenkarte, die nicht nur zum Kauf bestimmter Artikel (jede Woche sind es andere) zu Sonderkonditionen berechtigt, sondern dem Inhaber auch Vorteile beim Mieten einer Ferienwohnung, beim Abschluss einer Versicherung oder Erlangung eines Kleinkredits einräumt. Auch die *Carte U* bei den Marchés U – *»les nouveaux commerçants«* – ist eine solche Zauberkarte.

Übrigens: Halten Sie eine 10-Franc-Münze bereit, wenn Sie zum Großmarkt fahren, um dort einzukaufen. Das Geldstück benötigen Sie zum Abkoppeln des Einkaufswagens von dem vor ihm geparkten Drahtkarren.

In zahlreichen Supermärkten befindet sich im Eingangsbereich dreierlei: Ein Pult mit nummerierten Tüten und einer Einwurfbox für den Foto-Entwicklungsservice, eine Containerbatterie für die Entsorgung von Plastik- und Papierpackungen sowie ein schwarzes (oder auch andersfarbiges) Brett. An ihm hängen dutzende von Zetteln, auf denen Kunden Motorsensen, entbehrliches Kinderspielzeug, Vogelkäfige oder getragene Garderobe zum Verkauf offerieren, Teens Jobs als Babysitter suchen, Rentner ihre Dienste als Helfer bei der Gartenarbeit anbieten oder Optimisten nach abhanden gekommenen Schlüsseln fahnden. Das Studium des Zettelmarktes ist in jedem Fall interessant und kann Ihnen als Zugereistem sogar als Kontaktbrücke dienen.

Die Kosten für Energieverbrauch bewegen sich in etwa auf dem Niveau wie in Deutschland. Ein Einfamilienhaushalt verbraucht für etwa 1000 bis 2000 Francs Wasser im Jahr (falls kein eigener Brunnen zur Verfügung steht), die Gebühren für Haushaltstrom liegen etwas günstiger als auf der anderen Seite des

Rheins. Da viele Haushalte auf dem Lande mit Flaschengas kochen, sind entsprechende Preisvergleiche ebenfalls wichtig. Im Schnitt wird für eine 11-kg-Füllung 115 Francs berechnet, das Gefäß selbst kostet 300 bis 350 Francs.

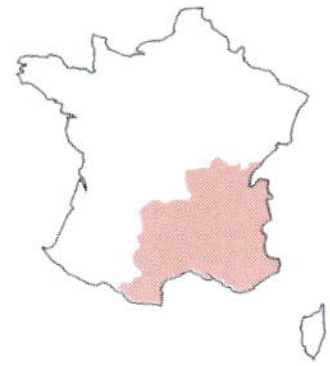

Hund, Pferd und Katze

Frankreich ist ein Land der Tierliebhaber. Katzen und Hunde werden gehätschelt und verwöhnt, und selbst in vielen Lebensmittelgeschäften werden die Zamperl (an der Leine oder auf dem Arm, *bien entendu*) geduldet. Zahlreiche Tierpensionen erbieten sich, die Familienlieblinge in Obhut zu nehmen, wenn man in die Ferien fährt.

Wenn Sie einen Hund oder ein anderes Haustier mit nach Frankreich nehmen möchten, ist ein Attest über Tollwutimpfung erforderlich (wenngleich selten danach gefragt wird). Es darf nicht jünger als 30 Tage sein aber auch nicht mehr als zwölf Monate rückdatieren.

Wenn Sie sich als Dauerresident in Frankreich einen Hund halten, was auf dem Lande üblich ist, ist dies mit keinen Auflagen verbunden – Hundesteuer ist nicht zu zahlen. Der Abschluss einer Haftpflichtversicherung ist ratsam. Frei in Feld und Flur umherlaufende Tiere gehen das Risiko ein, einem Jäger vor die Flinte zu laufen – und der kennt weder Schonzeit noch Pardon.

Nicht nur die Weiten der Camargue sind ein Reiterparadies. Pferde zu halten, ist in ländlichen Gegenden üblich, vor allem bei den Besitzern größerer Anwesen. Und es gibt Traditionsvereine, die wie bei uns die Reiterei intensiv pflegen.

Der Midi ist mit Katzen reichlich gesegnet. Als neuer Besitzer eines ländlichen Anwesens werden Sie über kurz oder lang Besuch von Katzen jeglicher Couleur bekommen, die Sie nie wieder loswerden, wenn Sie sich dazu verleiten lassen, ihnen Futter zu geben. Warum die mehr oder weniger scheuen, dreisten, lieben oder auch bedauernswerten Kätzchen gerade zu Ihnen kommen? Fragen Sie Ihre Nachbarn. Dort hat man den kleinen Raubtieren vermutlich längst Hausverbot erteilt und jegliches Asyl verwehrt. Erst sind es ein oder zwei, dann

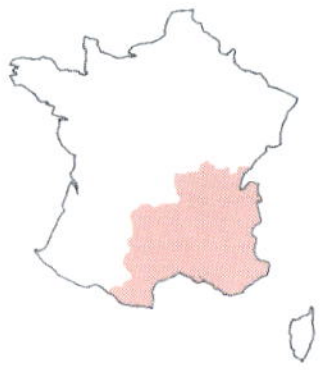

fünf, dann neun. Selbst überzeugte Katzenfreunde können verzweifeln, wenn das Futtergeschrei kein Ende nimmt und sich immer neue Verwandte – darunter einäugige, dreibeinige, hochschwangere und ähnliche unser Mitgefühl provozierende Kreaturen – einfinden. Und südfranzösische Katzen nehmen einmal großzügig erteilte Hausrechte in Anspruch, die sie sich nie mehr aberkennen lassen. Also, Sie sind gewarnt!

Nachbarn, Freunde, Vertrauenspersonen

Der Kontakt zu Ihren neuen Nachbarn kann sich je nach regionaler Mentalität schon bald oder auch erst später ergeben. Steht Ihr Haus auf einem etwas abgelegeneren Grundstück, wird der eine oder andere Nachbar die Gelegenheit – oder einen Vorwand – vielleicht erst etwas später finden, mal mit dem Wagen vorbeizuschauen. Aber Sie dürfen davon ausgehen, dass man Ihr Erscheinen sehr wohl zur Kenntnis genommen hat.

Durch das Hinzuziehen von Handwerkern für diverse Arbeiten ergaben sich vermutlich schon erste Verbindungen, die – ohne dass Sie sich dessen bewusst wurden – im Verlauf des Hausbaus oder der Restaurierung eine Menge Informationen verbreiten halfen. Mit offenen Augen und Ohren wurde registriert, was immer es zu registrieren gab, und natürlich fleißig kolportiert.

Haben Sie ein Objekt erworben, dessen Vorbesitzer weiterhin in der Nachbarschaft lebt, wäre zum Besiegeln des Kaufvertrages ein gemeinsames Essen fällig. Wenn eine Einladung seitens des Verkäufers ausbleibt, ergreifen Sie doch selbst die Initiative: Ein gemeinsames Abendessen der Familien in einem nahe gelegenen Restaurant kann der Anfang einer Freundschaft sein.

In einer Mehrparteien-Wohnanlage kommen Sie mit Ihren neuen Nachbarn schneller in Kontakt als dies normalerweise bei uns der Fall ist. Man ist ein wenig neugieriger, nimmt sich mehr Zeit für einen Schwatz (der schon aus Gründen der Verständigungsschwierigkeiten länger dauert). Andererseits wird man aber zögern, ohne Aufforderung oder Einladung Ihre Wohnräume zu betreten. Überhaupt werden Sie mehr Distanz und Respekt verspüren als Sie es von Ihren Nachbarn zu Hause gewöhnt sind, vor allem, wenn Sie sich in einer ländlichen Gegend niederlassen. Einen Katalysator und Speicher aller Begebenheiten, ob wichtig oder nebensächlich, stellt die *Concièrge* in Häusern dar, die über eine Pförtnerloge verfügen. Niemand betritt oder verlässt das Haus, ohne von *Madame la Concièrge* observiert zu werden.

Seien Sie zurückhaltend mit der Anwendung Ihrer französischen Sprachkenntnisse, so lange diese nur aus einigen Brocken bestehen. Die Deutschen verspüren – im krassen Unterschied zu den Franzosen und Briten – oftmals den Drang, sich eifrig in fremden Idiomen zu üben, wenn sie sich außerhalb Ihres Heimatlandes bewegen. Mehr oder weniger akzentfrei gesprochen, könnte Ihr bescheidenes Vokabular bei Ihrem Gesprächspartner jedoch den Eindruck erwecken, Sie beherrschten seine Sprache mehr als nur fragmentarisch. Und die herausgesprudelten Erwiderungen, von denen Sie kaum ein Wort verstehen, lässt die Konversation auf Französisch dann doch schnell enden. Man vergibt sich nichts mit dem Zugeständnis, im Französischen ein Anfänger zu sein!

Nicht mit jedem Nachbarn können Sie auf Anhieb Freundschaft schließen. Ein allmähliches Herantasten gehört zum Ritual, und auch die scheinbare Unbekümmertheit oder die impulsive Wesensart der Südfranzosen sollte Sie nicht darüber hinweg täuschen, dass Welten zwischen Ihrer Lebensauffassung und der Ihrer einheimischen Mitmenschen liegen. Ein, zwei Jahre kann es dauern, bis sich wirklich halt- und belastbare Bindungen ergeben haben.

Ein sozialer und kultureller Gleichklang mag dazu beitragen, nachbarlich-freundschaftliche Kontakte schneller zu Stande zu bringen und ihren Bestand zu sichern. Dabei werden Sie feststellen, dass es zwischen »sehr reich« und »sehr arm« ein engeres Mittelfeld gibt als bei uns. Denen, die viel Geld und üppige Villen besitzen, imponiert es keineswegs, wenn auf der Einfahrt Ihres Grundstücks eine Luxuslimousine parkt. Und die, deren Lebensstandard es ganz sicher nicht gestattet, jedem Kind einem eigenen Computer zu kaufen, könnten angesichts Ihrer Nobelkarosse und anderen sichtbaren Bekenntnissen zu einem großartigen Lebensstil vielleicht Misstrauen und Neid empfinden. Einmal etablierte Vorbehalte wieder abzutragen, ist schwer und manchmal sogar kaum möglich. Auf Ihr Einfühlungsvermögen kommt es also an, den richtigen Weg zu finden, Sensibilitäten zu erkennen und gelegentlich die eine oder andere Brücke zu bauen.

In jedem Fall wird Ihnen daran gelegen sein, Ihre neuen Nachbarn näher kennen zu lernen. Denn schon bei den ersten Vorkehrungen, die in der Konsequenz Ihr Ansiedeln in Frankreich zur Folge haben, gelangen Sie zu der Erkenntnis, dass Sie vor Ort eine Person Ihres Vertrauens benötigen. Jemand, der bei Kontakten zu Behörden behilflich ist und der auch als Helfer bei der Vermittlung von Aufträgen an Handwerker oder bei der Suche nach einem Haushüter segensreich in Aktion tritt.

Vielleicht ergibt sich bereits aus der Zusammenarbeit mit der Immobilienfirma – falls Sie eine solche eingeschaltet haben und sich ein gutes Verhältnis aufgebaut hat – die Lösung dieser Frage. Es könnte auch ein Grundstücksnachbar sein, mit welchem sich eine Basis gegenseitigen Vertrauens ergibt. Die Nachbarn bekommen wie die *Concierge* sowieso fast alles mit:

Die Pâtisserien im *midi* bieten eine unglaubliche Fülle süßer Verführungen an – ein ideales Mitbringsel für Besuche bei Nachbarn oder Freunden.

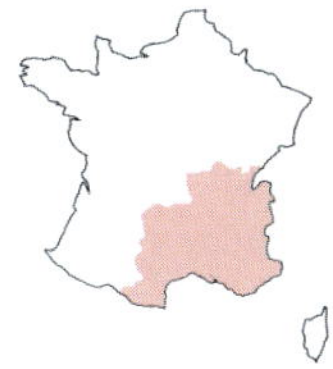

Mit welchem Auto Sie anreisen, in wessen Begleitung Sie erscheinen, welche Arbeiten Sie in Angriff nehmen, welche Fehler Sie dabei machen. Sie kennen die vorherigen Eigentümer Ihres Besitzes und deren Geschichte; das kann für Sie eventuell ganz nützlich sein.

Gegenseitiges Vertrauen zahlt sich aus. Dieses Vertrauen ist vor allem dann wichtig, wenn Sie Ihr Domizil in Südfrankreich über längere Zeiträume nicht aufsuchen können, es aber beispielsweise Bank- oder Postaufträge zu erledigen gilt. Erteilen Sie entsprechende Vollmachten.

Um Gerüchten vorzubeugen, die sich meist aus ein Mischung von Unwissenheit und Spekulationen bilden, sollte Ihre Vertrauensperson erfahren, warum Sie überhaupt nach Frankreich und gerade in diese Gegend gezogen sind und welches Ihre ersten Eindrücke waren. Zu einem späteren Zeitpunkt dürfen Sie auch ruhig zur Sprache bringen, was Sie vielleicht nicht so gut finden. Man wird es für Sie ändern, wenn's irgend geht – alles eine Sache der Diplomatie.

Wenn Sie eine einheimische Hausangestellte beschäftigen, die das ganze Jahr über tätig ist, löst sich manches Kommunikationsproblem von alleine. Vor allem können Sie 50 Prozent der Lohn- und Lohnnebenkosten (Sozialabgaben) von der Steuer absetzen. Der Grenzbetrag liegt bei 45.000 Francs. Nicht schlecht, wenn das Finanzamt die Hälfte davon mitbezahlt.

Viele Frankreichreisende trugen in der Vergangenheit dazu bei, dem Begriff »Tourismus« einen unangenehmen Beigeschmack zu geben. Über das unangepasste Verhalten der Nordländer im südlichen Ausland ist viel Negatives bekannt worden. Wenn wir uns heute für das unangemessene Betragen einiger Landsleute genieren müssen, dann meist in den Hochburgen des Tourismus, wo das gastronomische Angebot sich auf deutsches Bier, Bratkartoffeln oder »Würstel mit Kraut« konzentriert – Plätze, die Sie wohl ohnehin meiden wie den Ballermann-Strand auf Mallorca.

Im Lubaron gibt es Orte, die sich rühmen, zu sechzig Prozent von Engländern, Niederländern oder Deutschen bewohnt zu sein. Selbst wenn diese Angabe nur zur Hälfte wahr wäre: Sie macht deutlich, wie sich der »Aussteiger-Bazillus« in

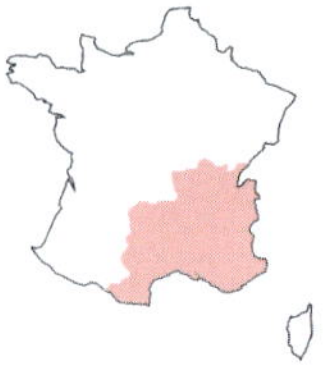

manchen Gegenden verbreitet hat. Eine Familie siedelt sich an, fühlt sich wohl und berichtet von ihrem Glück im Freundes-, Kollegen- und Verwandtenkreis. Viele lassen sich anstecken, und schon bildet sich innerhalb weniger Jahre eine regelrechte Kolonie, die sogar über ihre eigenen Handwerker, Zahnärzte und Automechaniker verfügt. Nicht immer unbedingt zur Freude der einheimischen Restbevölkerung, wie sich denken lässt.

Sicherheit, juristischer Beistand, Polizeisystem

Auch in Frankreich gibt es Städte, in denen die Kriminalitätsrate eine steigende Tendenz aufweist. Dort wird einem geraten, an Türen und Fenstern Einbruchsicherungen anzubringen. Nun, das ist in Frankreich nicht anders als bei uns. Auf jedem Polizeirevier hängen Poster, die den Bürger gemahnen, nicht leichtsinnig zu sein, keine Wertgegenstände sichtbar im Auto zu deponieren, sich auf keine Geschäfte an der Haustür einzulassen, Fremden kein Geld anzuvertrauen.

Ältere, allein stehende Personen wagen sich in manchen Stadtvierteln von Hamburg, München oder Berlin nach Anbruch der Dunkelheit nicht auf die Straße. Die Städtenamen lassen sich aber beliebig austauschen – gegen Wien, Kopenhagen, London, Kairo, oder eben auch Marseille oder Nice. Aber es sind fast durchweg die großen Städte, in denen die meisten Straftaten verübt werden.

Es wäre ungerecht, wollte man die Sicherheit auf Frankreichs Straßen stärker in Zweifel ziehen als die in den Geschäfts-, Bahnhofs- und Rotlichtvierteln der Städte anderer Länder. Gerade dort, wo sich viele Touristen aufhalten, fällt die Beute für Diebe üppig aus. Sicher ist das Risiko am alten Hafen von Marseille größer, am helllichten Tag von einer Schar aufdringlicher Strolche umringt und in Sekundenschnelle um die Brieftasche erleichtert zu werden, als dies vielleicht auf dem Rathausplatz von Sisteron zu gewärtigen ist. Aber in Frankreich gilt wie überall auf der Welt: Vorbeugen ist besser als heulen...

Auch von geschickt inszenierten Überfällen auf einsamer Landstraße hört man gelegentlich. Es werden Pannen oder Unfälle vorgetäuscht, um arglose Helfer (mitunter durch scheinbar hilflos gestikulierende Damen) zum Halten zu veranlassen. Um nicht unversehens zum Opfer missbrauchter Hilfsbereitschaft zu werden, gibt es nur eins: Ohne Halten weiterfahren und per Mobiltelefon (Notruf 17) die Polizei benachrichtigen.

Es ist möglich, dass Sie einmal in Rechtsunsicherheit geraten, wenn es um Grenzfälle (nicht nur im Wortsinn) in Grundstücksangelegenheiten geht und Sie sich veranlasst sehen, von kompetenter Seite juristischen Beistand in Anspruch zu nehmen. Für solche Fälle ist es gut, Mitglied in der Deutschen Schutzvereinigung Auslandsimmobilien e.V., kurz DSA, zu sein. Sie ist eine neutrale Informations- und Beratungsstelle, die man in rechtlichen und steuerlichen Fragen in Anspruch nehmen kann, die individuelle Lösungen in Konfliktfällen anbietet und für ihre Mitglieder (Jahresbeitrag: 280 Mark) einen regelmäßigen Informationsservice herausgibt.

Juristischen Beistand finden Sie selbstverständlich bei jedem Rechtsanwalt, falls Sie in einen Zivilrechtsstreit verwickelt werden oder sich zu einer Klage bzw. zur Durchsetzung von Forderungen genötigt sehen. Sind Sie rechtsschutzversichert (eine solche Versicherung können Sie unabhängig von ihrem Erst- oder Zweitwohnsitz zu Hause abschließen), sparen Sie sich Auslagen im Vorfeld, was etwa in einem Verkehrsunfallverfahren sehr von Vorteil sein kann. Einen Anwalt ausfindig zu machen, der über gute deutsche Sprachkenntnisse verfügt, ist in einem solchen Fall natürlich ratsam. Falls Sie in eine Strafsache verwickelt werden, sollten Sie Ihr Konsulat oder Ihre Botschaft verständigen, ehe Sie eigene Initiativen entwickeln.

Die französische Polizei geht, wenn es sein muss, rigoros vor. In ihrer ausgesuchten Höflichkeit – nicht zu verwechseln mit Freundlichkeit – unterscheiden sich die Beamten oftmals sehr von ihren Kollegen in einigen anderen Ländern. Gute Umgangsformen hindern die Herren Uniformträger nicht daran, diskussionslos zur Tat zu schreiten, wenn die Situation es erfordert. Eine Volksweisheit besagt indes, dass man die Polizei nur hinzuziehen soll, wenn es zwingend notwendig ist.

Es soll nicht unerwähnt bleiben, dass sich die französischen Polizei- und Justizbehörden im Kampf ums organisierte Verbrechen in den letzten Jahren außerordentliche Verdienste erworben haben. In Anbetracht der offenen, praktisch kaum mehr vorhandenen Grenzen innerhalb der EU-Staaten – ein Umstand, der uns so viele Vorteile verschafft – besteht nun einmal auch die Notwendigkeit zu verschärfter Wachsamkeit. Letztendlich dient diese dem Wohl und Nutzen der Bürger und ihrer Gäste, die von einem Land wie Frankreich all das erwarten, was ihnen einen Aufenthalt dort lebenswert macht – mehr als irgendwo anders!

Heimatanbindung und Konsularwesen

Bei aller Liebe zu Südfrankreich und der Ernsthaftigkeit, sich dort anzusiedeln, sollten Sie den Gedanken, dass Sie nach einem längeren Aufenthalt im Ausland so etwas wie Heimweh verspüren könnten, nicht ganz verdrängen. Bei jüngeren Menschen sicher kein vordergründiges Thema, doch die Älteren können sich nicht immer davon frei machen, dass sie derlei Gefühle ab und zu überkommen. In der Erinnerung eines älteren Menschen verklären sich nämlich Dinge, die er vor zwei, drei Jahrzehnten noch heftig kritisierte, zum Positiven. Und man sehnt sich innig nach einem Wiedersehen mit alten Freunden, denen man eine Ewigkeit nicht mehr begegnet ist, nach Spaziergängen durch vertraute Gegenden, nach Gerichten, deren Duft man aus den Kindertagen in guter Erinnerung hat. Ältere Menschen fühlen sich einsam, wenn die Kinder groß geworden und längst aus dem Haus sind, deshalb ist gerade an einem fremden »Ankerplatz« ein gutes Nachbarschaftsverhältnis von Bedeutung.

Es ist sinnvoll, zu Hause nicht sämtliche Zelte abzubrechen. Auslandserfahrene raten, einen Wohnsitz – ganz gleich, ob erster oder zweiter – im Heimatland beizubehalten. Übrigens ist dies auch eine steuerlich relevante Frage, die gemeinsam mit einem Fachmann durchdacht werden sollte.

Solange Sie aber nicht auf Französisch träumen, sind Geist und Seele noch nicht vollkommen eingetaucht – was vielleicht auch gar nicht Ihre erklärte Absicht ist. Sie werden vermutlich auch bei noch so perfekter Beherrschung der französischen

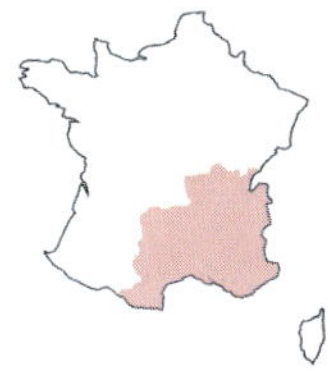

Sprache Wert auf die Lektüre deutscher Zeitungen legen, deutsche Bücher lesen, Verbindungen zu Freunden und Verwandten aus Deutschland pflegen. Auch wenn Ihr Standort in Südfrankreich zum Hauptwohnsitz geworden ist, spielt die Pflege von Kontakten nach Deutschland durchaus ein Rolle – nicht nur eine nostalgische.

Deutsche Zeitungen und Illustrierte finden Sie in der Feriensaison fast an allen größeren Zeitungsständen. Das moderne Vertriebswesen macht es möglich, dass Sie Ihre »FAZ«, »Welt« oder »Süddeutsche« oft sogar am Erscheinungstag kaufen können. Im Postabonnement hingegen ist die Ihnen zugestellte deutsche Tageszeitung mit ziemlicher Sicherheit stets ein oder zwei Tage alt, ehe sie zu Ihnen gelangt. Buchhandlungen mit einem Sortiment deutschsprachiger Bücher indessen sind rar. Aber dafür gibt es ja die Möglichkeit, sie via Internet zu besorgen.

Mit der Beibehaltung Ihrer Staatsbürgerschaft haben Sie nach wie vor entsprechende Rechte in der Heimat (zum Beispiel Wählen) und Pflichten (zum Beispiel Steuern zahlen). Sie müssen zu gegebener Zeit ihren Pass bzw. Ausweis verlängern lassen, wollen oder müssen Ihre Versicherung(en) in Anspruch nehmen und so weiter. Wenn Sie zu denen gehören, die nur in Abständen von sechs oder mehr Monaten wieder nach Hause kommen, sich also überwiegend in Frankreich aufzuhalten pflegen, werden Ihre Bindungen an die Heimat allmählich geringer. Es könnte sein, dass Sie einmal die Hilfe Ihres Konsuls in Anspruch nehmen müssen (wenn dies auch meist nur in Notsituationen erforderlich ist). Die Anschriften der Botschaften und Konsulate sind im Anhang aufgeführt.

7. Anhang

Die richtige Adresse, das richtige Buch, der richtige Tipp: Wer gut informiert ist, spart Zeit und Geld.

Geheimtipp für Aussteiger, die nach den Segnungen der Zivilisation keine große Sehnsucht verspüren: Gordes in der Provence, zwischen den Bergen von Lure und Lubéron.

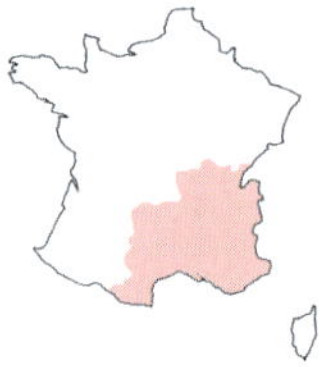

Adressen

Alle nachfolgend aufgeführten Adressen von Unternehmen, Behörden und Institutionen sind auf dem Stand Februar 2001.

Allgemein

■ **ADAC-Hotline für Auskünfte bezüglich Auslandsaufenthalt:** Tel. 089 22 22 22.

■ **Auswanderer-Information des Bundesverwaltungsamtes:** Postfach, 50728 Köln,
E-Mail: bva.eures@dialup.nacamar.de; Internet:
www.dasan.de/auswanderungswesen01/info

■ **Barmer Versicherungs-Info-Hotline:**
Tel. 0202 568 18 88, E-Mail: service@barmer.de;
bei Unfall im Ausland: Tel. 0202 568 70 10.

■ **Bund der Auslandserwerbstätigen (BDAE):**
Königsstraße 30, D-22767 Hamburg, Internet: *www.bdae.de*

■ **Centre Culturel Français de Salzburg:**
Waagplatz 1a, A-5020 Salzburg, Tel. +43 662 84 53 70,
Fax +43 662 84 88 91.

■ **Centre Franco-Allemand de Provence:**
Maison de Tübingen, 19 rue du Cancel, Aix-en-Provence,
Tel. 0033 4 42 21 29 12, Fax 0033 4 42 21 29 13.

■ **Centre Franco-Allemand de Hérault:**
4 rue des Trésoiriers de la Bourse, F-34000 Montpellier,
Tel. 0033 4 67 60 48 11.

■ **France Télécom, Service après-vente:** Tel. in Frankreich 1014.

■ **Französisches Fremdenverkehrsamt:** Westendstraße 47, D-60326 Frankfurt a.Main, Tel 0190 57 00 25, Fax 190 59 90 61, E-Mail: maison–de–la–france@t-online.de

■ **Französische Industrie- und Handelskammer (Chambre de Commerce et Industrie) Nice–Côte d'Azur:** Internet: *www.businessriviera.com*

■ **Institut Français d'Innsbruck:** Rennweg 13–15, A-6020 Innsbruck, Tel. +43 512 58 13 92, Fax +43 512 56 27 88.

■ **Institut Français de Vienne:** Palais Clam-Gallas, Währingerstraße 30–32, A-1090 Wien, Tel. +43 1319 65 03, Fax +43 1310 76 69.

■ **Deutsche Verbindungsstelle Krankenversicherung im Ausland (DVKA):** Postfach 20 04 64, D-53134 Bonn.

■ **Maison de France Wien:** Argentinierstraße 41a, A-1040 Wien, Tel. +43 1503 28 92/93/94, Fax +43 1503 71, Internet: *www.maison-de-la-france.at*

■ **Securité Sociale Centre 461:** Relations Internationales, 173, rue de Bercy, F-75012 Paris, Tel. 0033 1 40 19 53 00.

■ **Verband der Privaten Krankenversicherungen (PKV):** Postfach 51, D-50946 Köln.

■ **Heimschutzservice Albus & Wolf:** 36 Av. des Chênes, Salis, F-06600 Antibes, Tel./Fax. 0033 4 92 93 94 30, Internet: *www.haushueter.de*

Immobilien

Die nachfolgenden Nennungen von Maklerbüros stellen keine Empfehlungen seitens des Autor dar, sondern dienen nur der Information.

■ **Agence Franco-Allemande Internationale:**
K. v. Kleist, 2793 Chemin de St. Claude, F-06600 Antibes.

■ **Agence Immobilier Maud Collin:**
25-27 Bvd. Foch, F-06600 Antibes, Tel. 0033 4 93 34 90 20.

■ **Agence de la Comtesse:**
3 avenue de Belges, F-13100 Aix-en-Provence,
Tel. 0033 4 42 26 52 87, Fax 0033 4 42 26 73 38.

■ **ELVI:** 7, Ave. du Gén. Leclerc, F-83120 Plan de la Tour,
Tel. 0033 4 94 43 70 89, Fax 0033 4 94 43 00 36.

■ **Consultant Immobilier:**
Porte Santa-Lucia, F-83700 St.-Raphaël,
Tel. 0033 4 94 40 53 53, Fax 0033 4 94 40 41 42.

■ **Côte d'Azur Domicile Michelle E. Hilgenberg:**
Scheibenstraße 59, D-40479 Düsseldorf,
Tel. 0211 49 85 029, Fax 0211 – 49 85 027.

■ **IVP Internationale Immobilien Otmar Knoll AG:**
Talmtstr. 6, D-06108 Halle, Tel. 0130 17 38 00,
Internet: *www.ivp-ag.com*

■ **Luberon Investissements:** Quartier La Combe,
F-84220 Gordes, Tel. 0033 4 90 72 07 55,
Fax 0033 4 90 72 08 97, Internet: *www.lubinvest.com*

■ **Marignan Immobilier:** Le Quadra-Arenas,
455 Promenade des Anglais, F-06206 Nice Cedex 3,
Tel. 0033 4 92 29 35 35.

■ **Christian-Jacques Rosier:** Place de Château,
F-84220 Gordes (Vaucluse), Tel. 0033 4 90 72 00 70,
Fax 0033 4 90 72 09 78, Internet: *www.perso.fr*

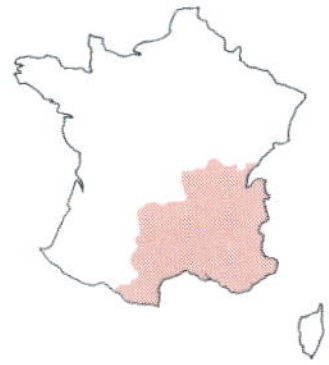

Vincent Thuret:
rue du Breuil, F38710 Mens (Isère), Tel. 0033 4 76 34 89 42.

Christa Walter Immobilien »Côte d'Azur«:
Baumgartenweg 36, 35415 Pohlheim,
Tel. 06004 478, Fax 06004 2740,
Internet: *www.gewnet.de/christa-walter-immobilien/*

Bauplanungen, Individuelle Fertighäuser

Maison Phenix:
1121 Bvd. de le Libération, F-83490 Le Muy (Var),
Tel. 0033 4 94 45 85 27, Fax 0033 4 94 45 03 76.

Mas Provence: 1 Av. Majoral-Arnaud,
F-04100 Monosque, Tel. 0033 4 92 70 77 60,
Fax 0033 4 92 72 07 96.

Immobilienberatung

BHW Immobilien- und Finanzierungsberatung GmbH: 24 Ave. du Port Fréjus, F-83600 Fréjus,
Tel. 0033 4 94 52 54 70, Fax 0033 4 94 52 54 71,
Internet: *www.immopool.de*

Casa Europa: Immobilien-Beratungsservice über die Dienstleistungen der LBS im Internet: *www.haus.de* (Menü: Kaufen – Wohnen ohne Grenzen).

Deutsche Schutzvereinigung Auslandsimmobilien e.V.: Zähringer Straße 373, D-79108 Freiburg,
Tel. 0761 550 12, Fax 0761-55013.

Deutsche und Schweizerische Schutzgemeinschaft für Auslandsgrundbesitz e.V.: Carl-Benz-Str, 17a,
D-79761 Waldshut-Tiengen, Tel. 07741 2131,
Fax 07741 1662.

FNAIM: Immobilienberatung und -vermittlung in Frankreich per Internet: *www.fnaim.fr*

Botschaften, Konsulate

■ **Botschaft der Republik Frankreich in Deutschland:** Kochstraße 6-7, D-10969 Berlin, Tel 030 20 63 90 00, Fax 030 20 63 90 10.

■ **Botschaft der Republik Frankreich in Österreich:** Technikerstraße 2, A-1040 Wien, Tel. +43 150 27 50, Fax +43 150 27, 51 68.

■ **Botschaft der Republik Frankreich in der Schweiz:** Schlosshaldenstr. 46, CH-3006 Bern, Tel. +41 (0) 31 359 21 11, Fax +41 (0) 31 359 21 91.

■ **Botschaft der Bundesrepublik Deutschland in Frankreich:** 13-15 Ave. Franklin D. Roosevelt, F-75008 Paris, Tel +33 (0) 1 53 83 45 00, Fax +33 (0) 1 43 59 74 18.

■ **Generalkonsulat der Bundesrepublik Deutschland in Marseille:** 338 ave. du Prado, Tel. +31 (0) 4 91 44 60 90.

■ **Konsulat der Bundesrepublik Deutschland in Nizza:** 22, ave. Notre Dame, Tel. +31 (0) 4 93 62 22 26.

■ **Konsulat der Bundesrepublik Deutschland in Perpignan:** 12, bvd. Wilson, Tel. +31 (0) 4 68 51 15 49.

■ **Konsulat der Bundesrepublik Deutschland in Montpellier:** 7, bvd. Sarrail, Tel. +31 (0) 4 67 60 67 43.

■ **Honorarkonsulat in Avignon:** Heinz Honisch, c/o Automobile Club de Vaucluse, 185 route des Rémouleurs, Z.I. La Courtine, F-84095 Avignon, Tel. +31 (0) 4 90 86 28 71, Fax +31 (0) 4 90 27 14 29.

■ **Österreichisches Generalkonsulat in Nizza:** 6 av. Verdun, Tel. +31 (0) 4 93 87 01 31.

■ **Schweizer Generalkonsulat in Marseille:** 7 rue d'Arcole, Tel. +31 (0) 4 96 10 14 10, Fax +31 (0) 4 91 57 01 03.

Literatur

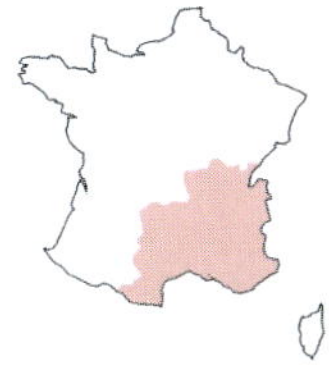

Bücher

Zum Thema Südfrankreich, speziell zur Provence, führt der Buchhandel eine enorme Auswahl. Alle deutschsprachigen Reiseführer, Romane, Bildbände, Koch- und Kinderbücher zusammen ergeben schon mehr als 100 Titel. Hier eine kleine Selektion, die der Autor neben anderen für die Vorbereitung seiner Reisen und Ausgangspunkt für Recherchen verwendet hat:

- Dirk Althoff: Languedoc-Roussillon, Verlag DuMont »Richtig Reisen«, 2000.

- Dirk Althoff/Klaus Simon: Provence/ Côte d'Azur, Verlag DuMont »Richtig Reisen«, 2000.

- Avoir sa maison, Editions Immoneuf, 40, rue du Docteur-Roux, 75724 Paris Cedex 15.

- René Frh. v. Godin: Historische Baumaterialien in Frankreich und Spanien, Edition :anderweit, Suderburg, 2000.

- Leo J. Heindl: Immobilien kaufen im Ausland, Walhalla & Praetoria Verlag, Regensburg/Bonn, 1998.

- Immoneuf, Service Guides, 40, rue du Docteur-Roux, 75724 Paris Cedex 15, Fax 0033 1 40 56 06 00 (Liste mit 25 Titeln zum Thema Hauskauf und Grundbesitz in Frankreich erhältlich).

- S. Johnston, R. Scherzen: Villen der Riviera, Heyne Verlag, München 1997.

- Peter Mayle: Mein Jahr in der Provence, Verlag Droemer/Knaur, München, 1992.

- Ralf Nestmeyer: Provence / Côte d'Azur Reiseführer, Michael Müller Verlag Erla, 2000.

■ Michelin Guide »On a Car Journey in France», Michelin Tyre Public Ltd., Watford, 1997.

■ Ulrich Wickert: Frankreich – die wunderbare Illusion, Heyne Verlag, München, 1993.

Zeitschriften

■ »Bellevue, Internationales Immobilien-Magazin«, Postfach, D-74168 Neckarsulm, Tel. 07132 959 60 03, *www.bellevue.de* (erscheint monatl in deutscher Sprache).

■ »Maison Coté Sud«, 175 rue d'Aguesseau, 92643 Boulogne Billancout Cedex, *www.cotessud.com* (Lifestyle-Magazin Côte d'Azur in fz. Sprache).

■ »Résidences secondaires«, Indicateur Bertrand Midi-Méditerrannée/Rhône-Alpes, 43 Bvd. Barbès, F-75880 Paris Cedex 18, Tel. 0033 1 49 25 27 89, Fax 0033 1 49 25 26 80 (erscheint vierteljährlich in frz. Sprache mit Angeboten, Infos und Tipps zum Thema Zweitwohnsitz).

■ »Riviera-Côte d'Azur-Zeitung«, 8 Ave. Gaspard Médecin, F-06500 Menton. Vertretung in Deutschland: Medienhilfe IMA, Postfach 1122, D-53758 Hennef, Tel. und Fax 02242 7359, *www.mediterra.com* (sehr informative und mit vielen Immobilieninseraten (Beilage Terranée) versehene Illustrierte, erscheint monatlich in deutscher Sprache).

■ »Système D«, 2–12 rue de Bellevue, F-75940 Paris Cedex 19 (monatl. Fachblatt für Bauen, Wohnen, Garten, Selbermachen in frz. Sprache)

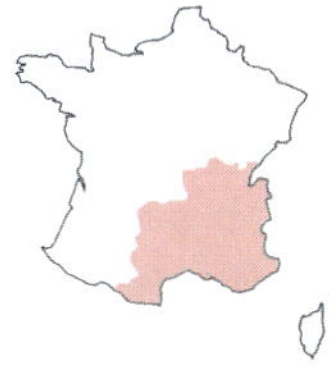

Danke

Für ihre uneigennützige Hilfe beim Recherchieren aller Informationen und Fakten zu diesem Buch bedankt sich der Autor bei Graham und Jane Gauld, René Frh. v. Godin, Jan P. Norbye, Hans-Jürgen Schneider, Kurt Scharl und Christa Walter. Besonderer Dank geht an die Peugeot Deutschland GmbH, die dem Autor für seine Exkursionen über viele Tausend Kilometer einen »406 Break 2.0 HDI« zur Verfügung stellte, der sich als ein zuverlässiges, wirtschaftliches und in jeder Beziehung praktisches Universalfahrzeug erwies.

Bildnachweis

Halwart Schrader: S. 29, 32, 38, 42, 45, 50, 57, 67, 70, 71, 72, 75, 89, 92, 96, 115, 117, 121, 126, 129, 134, 141, 145, 148, 150, 156, 158, 160, 165, 169, 170, 174
Julia Schrader: S. 61, 76, 78, 108
Christa Walter: S. 80, 111
Schapowalow/aspect/Richard Turpin: S. 18/19, 54/55, 68/69
Schapowalow/Atlantide: S. 182/183
Schapowalow/Comnet: S. 10/11
Schapowalow/Hartig: S. 136/137
Schapowalow/Thiele: S. 22, 35
Schapowalow/Pratt-Pries: S. 14/15, 84/85

Spannende Alternativen

Millionen träumen davon, aber nur wenige setzen sich in Bewegung: Sie wandern aus, kaufen sich ein Feriendomizil oder verbringen einfach den Winter im Süden. Wie man es angeht und erfolgreich durchzieht, steht in den Büchern aus der Reihe »Ihre zweite Heimat«: Hier vermitteln Insider wertvolles Know-how, das Ihnen den Anfang leichter macht.

Halwart Schrader
England
192 Seiten, 49 Farbbilder,
2 Zeichnungen, 1 Karte
Bestell-Nr. 50365

Halwart Schrader
Norditalien
192 Seiten, 41 Farbbilder,
1 Karte
Bestell-Nr. 50364

Insa Näth
Kalifornien
224 Seiten, 80 Farbbilder
Bestell-Nr. 50375

Sören Constantin
Kanarische Inseln
224 Seiten, 80 Farbbilder
Bestell-Nr. 50377

Insa Näth
New York
256 Seiten, 39 Farbbilder
Bestell-Nr. 50366

Unsere erfolgreiche Reihe »Ihre zweite Heimat« wird laufend erweitert und kostet pro Band DM 39,80

pietsch

IHR VERLAG FÜR REISE-BÜCHER
Postfach 10 37 43 · 70032 Stuttgart
Telefon (07 11) 210 80 65 · Telefax (07 11) 210 80 70

Stand Februar 2001
Änderungen in Preis und Lieferfähigkeit vorbehalten